ALEXANDRA ZIPPERER

Tafeln wie Gott in Deutschland

ALEXANDRA ZIPPERER

Tafeln

wie Gott in Deutschland

Aufbruch in eine Parallelwelt

SCHAUMBERG

Wo es geboten ist, sind zum Schutz von Personen und Einrichtungen die Namen in diesem Buch frei erfunden.

Bibliografische Informationen der Deutschen Nationalbibliothek:
Die Deutsche Nationalbibliothek verzeichnet diese Publikation in der Deutschen Nationalbibliografie; detaillierte bibliografische Daten sind im Internet abrufbar über: http://dnb.d-nb.de

ISBN 978-3-910306-03-5

Brunnenstraße 15, 66646 Marpingen, Telefon 06853 502380
info@edition-schaumberg.de, www.edition-schaumberg.de

1. Auflage, April 2023

Lektorat, Korrektur, Gestaltung, Satz: Edition Schaumberg, Marpingen
Schriften: Univers, Caslon
Druck, Verarbeitung: bookpress.eu

Manche freilich …

Manche freilich müssen drunten sterben,
Wo die schweren Ruder der Schiffe streifen,
Andre wohnen bei dem Steuer droben,
Kennen Vogelflug und die Länder der Sterne.

Manche liegen immer mit schweren Gliedern
Bei den Wurzeln des verworrenen Lebens,
Andern sind die Stühle gerichtet
Bei den Sibyllen, den Königinnen,
Und da sitzen sie wie zu Hause,
Leichten Hauptes und leichter Hände.

Doch ein Schatten fällt von jenen Leben
In die anderen Leben hinüber,
Und die leichten sind an die schweren
Wie an Luft und Erde gebunden:

Ganz vergessener Völker Müdigkeiten
Kann ich nicht abtun von meinen Lidern,
Noch weghalten von der erschrockenen Seele
Stummes Niederfallen ferner Sterne.

Viele Geschicke weben neben dem meinen,
Durcheinander spielt sie alle das Dasein,
Und mein Teil ist mehr als dieses Lebens
Schlanke Flamme oder schmale Leier.

HUGO VON HOFMANNSTHAL

Inhaltsverzeichnis

Aufbruch in eine Parallelwelt

Ich will nicht!

Widerstrebend ziehe ich mich an. Über die Unterwäsche eine Wollstrumpfhose, darüber Leggings und die schwere Thermojeans. Dann schlupfe ich in ein Unterhemd, ein langärmeliges T-Shirt sowie einen dicken Wollpullover. Die Füße bekommen über das dünne ein extra Paar warme Socken. Dezentes Make-up. Nun gefütterte Winterstiefel, Stulpen, Daunenanorak, Mütze, doppelt gewickelter Schal, Handschuhe.

So sehe ich aus wie die Zwillingsschwester des Marshmallow Man auf dem Weg zu einer Polarexpedition. Ich rüste mich aber bei den heutigen zwölf Grad Minus lediglich zu einer Reise ins Prekarianeruniversum: Dergestalt präpariert mache ich mich auf zu meinem alldienstäglichen Gang zur Berliner Tafel, um dort Lebensmittel zu holen.

Das Frühstück zuhause fällt bescheiden aus, denn es steht nur mehr ein einsamer Joghurt im Kühlschrank und Kaffee ist alle bei Halle. Gegen meine chronischen

Schmerzen wappne ich mich mit der doppelten Dosis Medikamente. Zudem schlucke ich nach dem Antidepressivum noch eine Krisenration meines Neuroleptikums, damit Scham, Angst, Wut und Ekel nicht durch die Decke schießen. Zart besaitet darf man bei der Tafel nicht sein. Noch schnell zehn Vaterunser und eine Sondersitzung »Progressive Muskelentspannung nach Jacobson«. Jetzt die Thermoskanne mit heißem Tee eingepackt, den Einkaufstrolley gegriffen und Abmarsch.

Nein, hurtig zurück, ich habe etwas Wichtiges vergessen: Einen Spritzer Parfum als unsichtbaren olfaktorischen Schutzpanzer gegen die Unbilden der nächsten Stunden!

Check-in

Nach kurzer Fahrt mit der Tram komme ich um 10.45 Uhr bei meiner Ausgabestelle in der evangelischen Egidienkirche an. Diese liegt in einem saturierten Berliner Viertel nur einen Steinwurf von den Wohlstandsnestern der schwäbischen Panzermütter und Düsseldorfer Rechtsanwälte entfernt. Eine Lebensmittelausgabe für Unterprivilegierte ausgerechnet hier erscheint auf den ersten Blick paradox. Doch inmitten all dieses gentrifizierten Altbauüberflusses, dieser Bio-Läden, Restaurants, Schnickschnack-Boutiquen, Feinkostgeschäfte, Latte-Macchiato-Buden und Edelfloristen duckt sich eine vielfach nicht wahrgenommene Armut, deren Zunahme durch offizielle Zahlen belegt ist. Die Armen sind keine eklige kleine Minderheit. Denn die steigende Armutsquote in Deutschland lag laut Statistischem Bundesamt im Jahr 2021 bei 15,8 Prozent der Bevölkerung. Mithin gelten 13 Millionen Menschen in Deutschland als arm oder armutsgefährdet, also ein Siebtel der Menschen in unserem so reichen Land!

Im Hof des Gebäudeensembles sehe ich wie jede Woche eine lebhafte Ansammlung von ungefähr 80 bis 120 Leuten. Es ist wuselig und der Lärmpegel relativ hoch: Begrüßungsrufe, lautes Telefonieren, Kinderschreien, Hundebellen, Flaschenklirren. Noch läuft alles durcheinander, man sucht Bekannte und stellt sich zu seiner Bezugsgruppe.

Wir warten erst auf die Wartenummern, mit denen wir dann wiederum auf die Ausgabe warten. Die Verteilung dieser Wartenummern ist der erste feststehende Programmpunkt, der eigentlich für 11 Uhr anberaumt ist, sich aber meist nach hinten verschiebt. Vor dem Kirchenportal unter einem provisorischen Zeltdach formiert sich allmählich eine Warteschlange, die bis zur Straße hinaus reicht. Langmut ist hier die Tugend der Stunde. Manche stehen ordentlich in Reih' und Glied, aber überwiegend setzt distanzloses Drängeln und Rempeln ein. Ich verspanne mich immer mehr und es schnürt mir die Kehle zu. Damit mir niemand zu dicht auf den Leib rückt, stelle ich beim Vorrücken meinen Einkaufstrolley immer hinter mir ab und halte Abstand zu meinem Vordermenschen. Mit Atemübungen versuche ich die aufkeimenden Angstzustände flach zu halten und mich zu beruhigen. Parallel zur Kirchenmauer und längs zum Eingang hin haben die

Organisatoren zwei lange Bänke aufgestellt. Diese sind weniger zum Sitzen gedacht als dazu, die Wartenden im wahrsten Sinne des Wortes auf Linie zu bringen, damit sich niemand von der Seite her in die Schlange schmuggeln kann.

Die verschiedenen Ausgabestellen arbeiten nicht alle gleich und haben unterschiedliche Methoden für den Empfang, den Wartemodus, die Reihenfolge und die Ausgabeorganisation. Zu Beginn meiner Tafelkarriere vor vierzehn Jahren gab es hier noch die Politik des *first come – first serve*, was sich jedoch nicht bewährt hat. Dies hatte nämlich zur Folge, dass die ganz Gewieften zur großen Freude der Anwohnerschaft schon am Vorabend mit Schlafsack und Schnapspulle hier angerückt sind. Daraufhin wurde das System mit den Wartenummern eingeführt.

In dem Portal zum Kirchenvorraum, neben dem später im großen Kirchensaal die eigentliche Ausgabe stattfindet, ist eine provisorische Rezeption errichtet mit Stuhl und Tisch, auf dem sich die Kasse, die Nummernzettel und die Namenslisten befinden.

An dieser empfängt uns Britta, die Chefin und Seele der ganzen Veranstaltung. Vor dieser herzensguten Frau ziehe ich wirklich meinen Hut, denn sie ist nicht nur dezent und resolut zugleich, sondern hat auch eine gehörige Portion leisen Witz, der hier ziemlich hilfreich sein kann. Sie verfügt überdies über Managementqualifikationen, die ihr in der freien Wirtschaft ein Spitzengehalt einbringen würden: trotz mehrerer Unwägbarkeiten ein umfangreiches Arbeitspensum in einem straffen Zeitplan abarbeiten, allzeit den Überblick und einen kühlen Kopf im Gewimmel bewahren, den verschiedensten Bedürfnissen und Erfordernissen gerecht werden, viele unterschiedliche Mitarbeiter anleiten, mit etlichen schwierigen Menschen und Situationen zurechtkommen und zwischen sich widerstreitenden Interessen vermitteln.

Meinen Namen muss ich beim Einchecken gar nicht mehr sagen, den hat sich die kluge Britta trotz der Menschenmassen, die sich hier immer durchwälzen, gemerkt. Sie hakt mich auf ihrer Liste für die Statistik ab und ich entrichte meinen eher symbolischen Obolus in Höhe von einem Euro. Während die Tafelmitarbeiter noch Waren einordnen, bekomme ich eine Marke mit einer Wartenummer. Jawohl – heute eine »43« im guten Mittelfeld!

Lange Zeit wurde hier Missbrauch und Nummernschwindel betrieben. Der dreiste Karl ist einfach mehrmals zur Nummernausgabe gegangen, was im allgemeinen Chaos nicht auffiel. Die beste Nummer hat er für sich behalten, die anderen an seine Kumpels mit schlechteren

Nummern weitergegeben. Irgendwann wurde dann die Nummernausgabe mit dem Einchecken per Namen verknüpft und der Spuk war vorbei.

Wer das erste Mal diese Schwelle überschreitet, muss seinen Personalausweis, Reisepass oder ein gleichwertiges Dokument vorlegen. Im Anschluss wird geprüft, ob der Neuankömmling sich an die richtige, für ihn gemäß Postleitzahl zuständige Ausgabestelle wendet. Eine Liste dazu findet sich auf der Homepage der Berliner Tafel. Es muss angegeben werden, wie viele Personen der Haushalt umfasst. Bei der Anmeldung ist ein schriftlicher Nachweis über die Bedürftigkeit vorzulegen, also etwa ein Bescheid über den Bezug von Bürgergeld oder Wohngeld vom Sozialamt beziehungsweise vom Jobcenter. Rentner sowie Empfänger von ALG I oder Krankengeld, deren Bezüge nach Abzug der Miete maximal so hoch wie der Regelsatz in Höhe von 502 Euro sind, haben ebenfalls Anspruch auf Unterstützung. Es ist für viele schwer, diese Dinge zu verstehen und sich in dem administrativen Dschungel zurechtzufinden. So kommen nach meiner Information deswegen nicht wenige Menschen, die in diesem Sinne als bedürftig gelten, gar nicht zur Tafel.

Datenschutz wird ganz groß geschrieben, aber von Zeit zu Zeit müssen die Personendaten von hier mit denen der anderen Ausgabestellen abgeglichen werden, um das missbräuchliche Erschleichen von Lebensmittelspenden zu verhindern. Die gierige Helene etwa prahlt laut mit ihrer Gerissenheit, mit der es ihr im Gewimmel gelungen sei, sich bei mehreren Ausgabestellen gleichzeitig anzumelden. So würde sie richtig viel abgreifen können. Glücklicherweise ist es nur eine Frage der Zeit, bis sie bei ihren asozialen Umtrieben erwischt wird.

Sehr viele hier sind durch Krankheit in Armut geraten. Ich selbst habe zum Beispiel einen Schwerbehindertenausweis mit einem Grad der Behinderung von 70 Prozent, genieße bei der Ausgabe aber keine Vorzugsbehandlung deswegen. Diese steht nur Menschen mit dem Merkzeichen »G« im Ausweis zu. Hier im Tafelzusammenhang bedeutet das, dass wegen einer Geh- oder anderen Behinderung ein längeres Stehen und Warten nicht zumutbar wäre. Britta reserviert einen Teil der ersten 40 Startnummern für diese Kunden, die dann eine sogenannte niedrigere G-Nummer erhalten.

Gerecht ist dabei sicherlich, dass die Warteprozedur für diesen Personenkreis schneller geht und komfortabler ist. Ungerecht hingegen ist, dass diese Tafelianer so auch immer mehr bekommen als die höheren Nummern. Das lässt sich aber wahrscheinlich nicht lösen. Die Tafelhelfer bemühen sich sehr um faire Verteilung, nur kann das eben nicht exakt berechnet werden. Bei den letzten Wartenummern macht sich unter Umständen großer Frust breit, wenn man nach zwei Stunden Wartezeit nur mit einer Tüte Gummibärchen und einem welken Salatkopf nach Hause geschickt wird. Immerhin muss dafür dann nicht mehr der eine Euro bezahlt werden.

Nach dem Austeilen der Wartenummern setzt geschäftiges Treiben unter den Wartenden ein: Es werden Nummern getauscht oder verschenkt und alle versuchen irgendwie zur *pole position* vorzurücken. Aber es gibt auch ganz andere Kandidaten: Patrick etwa hat es wohl nicht wirklich nötig hierher zu kommen. Er ist sich zu fein zu warten, wenn er eine Nummer höher als 40 gezogen hat. Als er dann wieder geht, wirft er seine Wartenummer auf den Tisch im Hof. Nun setzt um diese Marke ein Hauen und Stechen ein, das sich gewaschen hat.

Geduld ist eine Zier

Meine Güte, wie lange dauert das denn noch? Seit einer Stunde scharre ich mit den Hufen, mir ist trotz meiner Wärmemontur empfindlich kalt geworden und es hat sich immer noch nichts Wesentliches getan an der Tür zum Allerheiligsten!

Die wirklich anspruchsvolle Disziplin in der Armutsolympiade bei der Tafel ist das Warten bis zur eigentlichen Ausgabe. Die Dauer der Wartezeit kann nur sehr schwer abgeschätzt werden, da sie von mehreren Faktoren abhängig ist: Startnummer in dieser Hitparade der Bedürftigen, Personenaufkommen am jeweiligen Tag, Anzahl der Haushaltsmitglieder des einzelnen Tafelgängers sowie Anzahl der anwesenden Mitarbeiter, Warenangebot und Zeitpunkt der Warenanlieferung.

Deshalb kann ich schlecht noch einmal weg und etwas erledigen, so wie etwa beim Arzt. Nur diejenigen mit einer ganz hohen Nummer gehen eine Runde strawanzen oder sogar noch einmal nach Hause, wenn sie dicht bei wohnen. Die meisten der hier Verbliebenen plaudern miteinander, spielen mit den Kindern oder lösen Sudokus und Kreuzworträtsel. Ein komplexerer Zeitvertreib wie Lesen ist eher schwierig, zumal im Stehen, weil man ständig am Kontrollieren ist, welche Nummer gerade dran ist und man sich unter Umständen dann ganz schnell in die Schlange einfädeln muss.

Wir bleiben im Hof, in der überdachten Durchfahrt oder auf der Straße, bis wir an der Reihe sind. Der Kirchenraum selbst durfte über fast zwei Jahrzehnte nicht betreten werden, denn wir hätten ihn ja verschmutzen können. Dieser Einwand war durchaus berechtigt. Doch zweimal jährlich waren wir eingeladen, dort während der Wartezeit einen Teller Suppe zu essen, jeweils in der Woche vor Weihnachten und vor Ostern: eine bescheidene, aber schmackhafte Karottensuppe mit frischer Petersilie, einer Scheibe Vollkornbrot und vor allem einem Lächeln – und von allem gab es auf Anfrage Nachschlag. Zwar lag dieser Vormittagsimbiss außerhalb meiner geplanten Essenszeiten, ich nahm aber dieses schöne Angebot immer gerne in Anspruch. Nicht, weil ich am Hunger gestorben wäre, sondern um wenigstens für eine Viertelstunde in angenehmer Umgebung in der Wärme sitzen zu können.

Mit Corona mussten alle Abläufe pestilenzkompatibel gemacht werden. Damit der gebotene Mindestabstand eingehalten werden konnte, wurde die Lebensmittelausgabe vom kleineren Kirchenvorraum in den großen Kirchensaal verlegt. Auch änderte sich das Verfahren: Es gab nicht mehr den einen Mitarbeiter, der uns den ganzen Warenparcours entlang als Tafelengel begleitete und bestimmte, was wir mitnehmen durften. Nun wurden im großen Saal die einzelnen Stationen mit großem Abstand aufgebaut. Dort stehen jetzt die einzelnen Mitarbeiter wie hinter einer Ladentheke und reichen uns die uns zustehenden Waren an.

An einem wunderschönen Sommertag im letzten Jahr erwartete uns eine feine Überraschung beim Betreten des Hinterhofes: Es war ein üppiges Frühstücksbuffet für uns aufgebaut mit Kaffee, Orangensaft, Wurst- und Käsebrötchen mit aparter Dekoration, Kuchen und bergeweise Muffins. Diese Herrlichkeit wurde erst von den Tafelmitarbeitern mit Zähnen und Klauen verteidigt, bis die edlen Spender kamen und uns bedienten, uns mit zauberhaftem Lächeln Kaffee einschenkten und Kuchenstücke auf Servietten anreichten. Es handelte sich um eine indische Familie aus der Nachbarschaft: Vater, Mutter und ihr zirka zehnjähriger Sohn. Die Frau erklärte mir auf meine Nachfrage lachend, sie hätte heute Geburtstag und würde diesen gerne mit uns feiern. In der Vergangenheit hätte sie immer Bekannte eingeladen, die dies aber gar nicht nötig hätten und auch nicht zu schätzen wüssten. Deshalb hätte sie in diesem Jahr Lust gehabt, die Menschen von der Tafel als Gäste einzuladen. Sie würde uns jede Woche hier unten warten sehen und dieses Mal wollte sie uns eine schöne Wartezeit bescheren …

Verkehrte Welt! Indien, ist das nicht da, wo immer noch so viele hungern …?

Ich hatte Tränen in den Augen, aber es handelte sich um eine gebrochene Gefühlsregung. Einerseits hatte ich hier wirkliche Liebe und Mitmenschlichkeit erfahren, was mich tief anrührte. Andererseits war es mir peinlich und ich empfand es als beschämend, Gegenstand einer solchen Zuwendung zu sein. Entgegen der häufigen Annahme ist es nicht einfach, dauerhaft in der Position des dankbar Nehmenden sein zu müssen, heißt doch auch das alte Sprichwort aus der Bibel: »Geben ist seliger denn Nehmen!«

Im Hier und Jetzt der Eiseskälte frieren wir mittlerweile ordentlich! Wir holen uns die Pappkartons aus dem Altpapiercontainer und stellen uns darauf, damit es wenigstens von unten nicht so zieht. Der einmalige Versuch, aus den Kartons ein wärmendes Feuerchen zu machen, wurde von Mario, einem Mann aus unseren Reihen, der immer ein wenig als Ordner hier mithilft, allerdings bereits im Keim erstickt. Wir sind freilich findig: Es wurde nicht nur lustig, sondern uns allen auch warm, als wir mit zwölf Leuten »Laurentia, liebe Laurentia mein« spielten und bei jedem Reim und jedem Wochentag in die Knie gehen mussten. Die Wärme hielt leider nicht lange vor. Nach so einem Vormittag brauche ich gewöhnlich zwei Tage, bis ich mich wieder als Mensch fühle und ich muss dabei immer an die vielen Obdachlosen in der Stadt denken.

Auch das Warten in glühender Sommerhitze bekommt nicht allen. Eine alte Dame aus unserer Mitte wurde schon ohnmächtig dabei.

Machen Kleider Leute?

Nicht nur wegen der extremen Kälte am heutigen Tag wäge ich gründlich ab, was ich anziehe. Ich verwende dienstags immer mehr Zeit, Energie und Gedanken auf mein *Tafelkostüm* als auf meine Kleidung zu anderen Anlässen: Lange nicht so leger und alt wie meine Garnitur fürs Hundegassi soll es sein, doch abgetragener und ramponierter als meine normale Alltagsbekleidung, denn bei der Tafel geht es rau und mitunter schmutzig zu. Einerseits trage ich der Tatsache Rechnung, dass viele abgewrackte, nach Alkohol, Schmutz und Exkrementen stinkende Menschen in dreckigen, muffenden und kaputten Klamotten knuffen und schubsen. Andererseits hoffe ich durch meine Tafelmontur auch meinem Wunsch nach Distanz Ausdruck zu verleihen. Irgendwie will ich nicht dazu gehören müssen und signalisiere mit meinem Äußeren, dass ich noch den »Normalen«, den Leuten von früher, den achtsam Zurechtgemachten und Angekommenen mit gesellschaftlichem Standing zugerechnet werden möchte. Denen, die in Würde und Selbstachtung leben und Wert auf das Gute und Schöne bei sich selbst und im Außen legen. Ich bin nicht overdressed, aber gepflegt, die Haare schick, etwas Lippenstift und Kajal, die Farbe des Schals harmoniert mit dem Anorak, und das alles mit Bedacht.

Denn es ist immer noch schwer für mich, zur Tafel gehen zu müssen, auch noch nach den ganzen vierzehn Jahren, die ich jetzt hierherkomme. Diese scheinbar oberflächlichen Äußerlichkeiten sind wichtig, damit ich mich gewappnet und nicht so verletzlich fühle und mir einen Rest Würde bewahre. Eine Ritterrüstung gegen das ganze Elend. Nichts ist selbstverständlich und auch hier machen Kleider Leute.

Ich weiß von mir selbst, dass es nicht leicht ist, gut für sich zu sorgen und sich zu pflegen, wenn Struktur und Rahmen durch Arbeit, Feiertage oder Urlaube wegfallen und die vielen Stunden des Tages, die Tage der Woche, die Wochen des Jahres ohne Perspektive zäh ineinanderfließen. Auch ich hatte einst einen großen Teil meiner Identität über Arbeit und Leistung definiert. Wer bin ich noch, wenn das alles wegfällt? Man kennt das ja mitunter von Menschen, die in Rente gehen und dann in ein tiefes, schwarzes Loch fallen. Nicht wenige rutschen ab in Depression und Verwahrlosung. In Ansätzen kenne ich das, auch bei mir gab es viele Tage, an denen ich nicht aufstehen, mich waschen und zurechtmachen und vor die Tür gehen konnte. Wenn man nicht mehr dazu gehört, alleine ist, alles egal ist – warum sich die Mühe machen? Ohne Tagesstruktur und gesellschaftliche Partizipation plumpsen bei manch einem Selbstachtung und Selbstwertgefühl in rasender Geschwindigkeit in den Keller, egal wie erfolgreich und gut eingebunden man vorher war.

Letzteres trifft für viele zu, die zur Tafel kommen. Im Äußeren zeigen sie, dass sie aufgegeben haben, sich selbst, die Hoffnung auf bessere Zeiten, ein würdiges Dasein, wertvoll für die Gesellschaft zu sein, gesehen zu werden. Manche zeigen diese Verlotterung auf beinahe aggressive Weise. So zum Beispiel Jan, den ich sehr gerne mag, und der mit einer Art perversem Stolz von sich selbst sagt, dass er ein asoziales Subjekt sei, obgleich es sich bei ihm um einen sehr gebildeten, vielseitig interessierten Menschen mit guten Umgangsformen handelt. Nur arbeiten gehen kann er mit seinem fortgeschrittenen Alkoholismus nicht mehr.

Vor diesem Hintergrund lege ich folglich besonderen Wert auf mein Erscheinungsbild, wenn ich zur Tafel gehe. Nicht nur die Chanel-Schnitten aus einer anderen Welt stehen morgens grübelnd vor dem Kleiderschrank, ich kenne einige Tafelkunden, für die das ebenfalls ein richtiges Thema ist: Es kommt immer ein bezauberndes junges

Pärchen mit zwei kleinen Kindern her, alle vier bildschöne Menschen, die jedoch keine Kleidung tragen, sondern sich wohl als Protestnote nur in zerlöcherte Lumpen hüllen, die dann noch im Layer-Look pittoresk übereinander drapiert werden. Machen sie aus der Not eine Tugend oder ist für sie der Gang zur Tafel ein offensiv politischer Akt? Der Mann hat sich im Kampf um die nötigen Lebensmittel die zerrissenen Fetzen einer Militärdecke mit einem Seil um den Bauch gegürtet: Die Tafelgänger sind die Armee der zu kurz Gekommenen.

In der Person von Paul gibt es jemanden, der mit seinem Auftreten eine Ausnahme darstellt, die auch wieder eine Sonderform der Antihaltung verkörpert. Als Galerist darf er zwar Angehörige des europäischen Hochadels zu den Kunden seines kleinen, aber feinen Ladens zählen. Doch zum Leben reicht die brotlose Kunst dennoch nicht und Paul erhält ergänzende Leistungen zum Lebensunterhalt vom Amt. Man sieht ihm auch an der Kleidung an, dass er, wie man so schön zu sagen pflegt, schon bessere Tage gesehen hat. Dieser Mann ist nicht nur für Tafelverhältnisse exquisit gekleidet, sondern überhaupt der bestangezogene Mann, den ich kenne. Die Wartezeit nutze ich gerne dazu, mich an seinen verschiedenen Outfits zu erfreuen. Meine Augenweide tritt gerne auf im dunkelblauen Nadelstreifenzwirn mit blütenweißem Hemd und Seidenkrawatte, Weste mit goldener Uhrkette, an den Füßen frisch gewichste Budapester und auf dem Kopf einen echten Borsalino. An heißen Sommertagen trägt er einen naturfarbenen Leinenanzug in Edelknitter zu weißem T-Shirt, ledernen Bäckersandalen und Panamahut – sehr stylish! Besonders gerne mag ich seine Verkleidung als englischer Landadeliger: Knickerbocker in grobem Tweed, rustikale Wollstrümpfe in Aranmustern, halbhohe Jodhpur-Stiefeletten, Kaschmirsweater über einem karierten Flanellhemd, ein kariertes Tweedsakko und als Krönung eine echte Entenjägerkappe – das alles in den schönsten Herbstfarben miteinander kombiniert!

Keiner von uns kann es sich leisten, einfach in ein Geschäft zu gehen und Kleidung oder Schuhe zu kaufen. Für diese lebensnotwendigen Dinge sind die monatlichen Zahlungen der jeweiligen Ämter einfach nicht ausreichend. Dennoch ist es nicht nötig, trotz Finanzknappheit in Sack und Asche zu gehen. Hier sind oft Findigkeit und Kreativität gefragt. Da gibt es die Kleiderkammern der verschiedenen Wohlfahrtsverbände und Institutionen, wo es umsonst oder für sehr wenig Geld häufig sehr gut erhaltene Kleidung gibt. Ich kaufe meine Hosen beispielsweise für einen kleinen Betrag in einem großen Berliner

Secondhandkaufhaus. Nur Schuhe und Unterwäsche nehme ich nicht gebraucht, davor ekele ich mich zu sehr. Ich bin in der privilegierten Lage, zwar getragene, aber sehr schöne Kleidung von Freunden und Bekannten geschenkt zu bekommen. Und ein Besuch bei meiner Mutter endet manchmal mit dem Kauf einer neuen Bluse. Das ist für mich zwar notwendig, aber in höchstem Maße beschämend: Anstatt meiner alten Dame als Dank einmal etwa einen gemeinsamen Mallorcaurlaub schenken zu können, bin ich wie ein Kind von ihren Gaben abhängig. Das fühlt sich furchtbar an! Doch so kann ich einigermaßen gut gekleidet durch die Welt gehen, ohne mich schäbig fühlen zu müssen. Außerdem macht es Spaß, sich immer neue Kombinationen für die geschenkten Sachen auszudenken und manches lässt sich noch mit einem Accessoire wie einem Gürtel oder Tuch oder etwas Schmuck tunen.

Die Wartezeit bei der Lebensmittelausgabe der Berliner Tafel nutzen wir manchmal für den Tausch von Kleidung, die wir auf den Tischen im Hof auslegen. Hausrat, Bücher und Spielsachen wechseln dort den Besitzer, während man auf den Aufruf seiner Nummer wartet. Nach dem Tod meiner eleganten, kleinfüßigen Patentante hatte ich damals ihr komplettes Schuharsenal zur Tafel gebracht, wo es mir förmlich aus den Händen gerissen wurde. Manche Ausgabestellen geben auch selbst gebrauchte Kleidung aus, so etwa eine Kirchengemeinde in der Nachbarschaft, die die Bekleidungsstücke in den Bänken zur Besichtigung und zum Mitnehmen ausbreitet.

Sicherlich ist dieser Umgang mit Bekleidung wunderbar umweltschonend, sparsam und nachhaltig. Dennoch fühle ich mich allein durch die Tatsache benachteiligt und gebrandmarkt, gar nicht selbst entscheiden zu können, wie ich das Thema handhaben möchte. Ich habe nicht die Wahl, sondern bin auf Gedeih und Verderb auf die Wohltätigkeit anderer angewiesen. Und natürlich macht es etwas mit mir, immer nur Getragenes, Gebrauchtes, Altes tragen zu können. Ich träume nicht von kompulsivem Kampfshoppen und Designerorgien, aber ich möchte mir einmal ganz normal etwas Schönes, Kleines, Neues leisten können.

Und sie bewegt sich doch: Endlich, endlich öffnet sich jetzt die Tür vor mir und das Warten hat für heute ein Ende.

Gemüse ist mein Fleisch

Hereinspaziert in die bunte Tafelerlebniswelt! Britta winkt die nächsten fünf Almosenanwärter in den Kirchenvorraum und lotst sie nach der Kontrolle der Wartenummern in den Ausgabesaal. Ich muss zu Beginn dort noch mitteilen, dass ich für eine Person Lebensmittelspenden abhole. Auf diese Situation hat Britta aber meist ein Auge und teilt solche Informationen ihren Mitarbeitern lieber selbst mit, damit hier kein Schindluder mit den Mengen getrieben wird.

Die Lebensmittel sind in großen Plastikkisten auf langen Tischen aufgebaut und nach Warengruppen sortiert. Die Mengen pro Abholer sind begrenzt und richten sich einerseits nach dem vorhandenen Angebot und andererseits nach der Zahl der Haushaltsmitglieder, die beim erstmaligen Einchecken nachzuweisen war. Demnach kann eine Mehrfachmutter natürlich mehr mitnehmen als ein Singlehaushalt. Leider kann nicht gewährleistet werden, dass jeder von allem etwas bekommt und ich kann mir als Einzelperson manchmal nur einen Artikel aus mehreren

Kisten aussuchen. Die erste Station ist das Gemüse, von dem meistens größere Mengen vorhanden sind. Nur Kartoffeln sind interessanterweise Mangelware.

Heute ist Katja mein Tafelengel an dieser Station. Wir kennen uns schon seit Jahren und scherzen immer sehr erbaulich miteinander. Sie fragt mich, ob ich den kleinen, angefaulten Hokkaidokürbis haben möchte, was ich bejahe. Vor mir hat sich ein kleiner Stau gebildet, weil viele Leute sich nicht entscheiden können und zu meinem Verdruss jede einzelne Lauchstange diskutieren. So nutzen wir die Zeit zum Austausch von Rezepten für Kürbissuppe und ich erzähle von meinem Favoriten mit frischem Koriander und Ingwer. Da wirft mir Katja einen verschwörerischen Blick zu, sprintet los und überholt das vor uns stehende Pärchen, was strengstens verboten ist, denn die Reihenfolge der Nummern muss eingehalten werden. Sie greift etwas aus einer der Kisten weiter vorne bei ihrer Kollegin und steckt mir beim Zurückkommen mit triumphierendem Lächeln ein verschrumpeltes Ingwerwürzelchen zu. Dazu gesellt sich ein Bund müder Frühlingszwiebeln.

Jetzt geht es zu einem wirklich gigantischen Salatberg, aus dem zwei schon leicht braune, in Plastikfolie verpackte Köpfe Eisbergsalat in meinen Besitz übergehen. Ich nehme außerdem eine Schale Rapunzel mit, deren

Bodensatz schon Matsch ist, aber die oberen Blätter sehen noch ganz gut aus. Der restliche Salat stellt sich lappig dar, besonders die fertigen, in Plastiktüten eingeschweißten Salate, bei denen sich mitunter schon einmal die Packung wölben kann. Die Tafelleute nennen diese Fertigsalate augenzwinkernd »Männersalate«, weil es für deren Zubereitung keiner großen Kochkunst, sondern nur eines Dressings bedarf. Und in der Tat stehen besonders ältere Singlemänner oft hilflos vor dem Warenangebot.

Deshalb hat die Berliner Aktion »Laib und Seele« vor einer Weile eigens ein wirklich tolles Kochbuch herausgebracht und an uns verschenkt. Auf einer Seite wird immer ein Tafelmitarbeiter vorgestellt. Auf der gegenüberliegenden Buchseite kocht ein Prominenter ein einfaches Gericht mit Zutaten, die es oft bei der Tafel gibt. Darüber hinaus dürfen Lebensmittel im Wert von höchstens 3,50 Euro zugekauft werden, während man davon ausgeht, dass die Leute Basics wie Öl oder Gewürze zuhause vorrätig haben. So lernt man zum Beispiel Bouletten braten mit Peter Fox, der zum gekauften Hackfleisch Zwiebeln, Eier und alte Schrippen von der Tafel nutzt.

Oft konnte ich interessantere Gemüsesorten wie Spargel, Auberginen oder Artischocken einheimsen, weil viele diese Gemüsesorten nicht mögen, warum auch immer.

Drei runzelige Pastinaken und ein Bund erfahrungsgemäß holziger Radieschen finden den Weg in mein Einkaufswägelchen und dazu bekomme ich noch eine angeschlagene Fenchelknolle. Viele der älteren Damen der Ausgabestelle haben als Kinder selbst noch Zeiten von Not und Hunger im Nachkriegsdeutschland miterlebt. Lebensmittel wegzuwerfen kommt natürlich überhaupt nicht in Frage. So machen sie auch nicht viel Aufhebens darum, dass man eben den verschrammten Teil des Fenchels wegschneidet. Sie geben uns darüber hinaus oft wertvolle Tipps zur Haltbarmachung und Verarbeitung der Lebensmittel und kennen Rezepte für Gerichte, die kaum noch jemand zubereitet, wie etwa Steckrübeneintopf, Sellerieschnitzel oder Brotsuppe. Wenn ein Apfel zu Dreivierteln faulig ist und deshalb verschmäht wird, werden sie ungehalten und erklären, dass man das wunderbar entfernen und aus dem Rest gutes Kompott machen könne, an das noch Zimt gehört.

Beim nächsten Tisch allerdings geht es rasant abwärts mit meiner Laune. Die Karotten in der Kiste sind alle mit dicken violetten Flecken überzogen, die man nicht einfach wegschneiden kann, da es sich dabei um wirklich gesundheitsschädlichen Schimmel handelt, dessen Sporen schon die ganze Wurzel durchdrungen haben. Ein weiterer Gruselklassiker, der zurecht immer liegen bleibt, ist der ausgeblühte und nicht mehr zu gebrauchende Brokkoli, der hier oft in Massen ankommt und aus nicht nachvollziehbaren Gründen nicht aussortiert wird. Einmal habe ich mich überwunden und drei Päckchen mitgenommen, weil ich hoffte, ich könnte aus den Strünken noch ein schönes Cremesüppchen basteln. Schon beim Abpulen der Plastikfolie spreiselten Trillionen gelbgrünbraune Blütenteilchen durch die Küche und ich gab mein Vorhaben frustriert auf. Irgendwann ist es auch einmal gut mit dem guten Willen. Gestählten Gemütern mag es gelingen, den Fokus ausschließlich auf das viele Gute zu richten, das es hier gibt. Ich schaffe das nicht und empfinde in diesem Moment den mir hier zugedachten Gemüseschrott als zermürbende Zumutung. Immerhin zuckt die Tafelmitarbeiterin entschuldigend die Achseln und bietet mir den Kram nicht auch noch offensiv an.

Vier tadellose Tomaten versöhnen mich wieder etwas, so dass ich mit der heutigen Gesamtausbeute an Gemüse durchaus zufrieden sein kann.

Gerade von dem oft gammeligen Gemüse geht der ganz spezifische Tafelgeruch aus, der einem schon beim Betreten der Räumlichkeiten entgegenschlägt und der jetzt in jeder Faser meiner Kleidung und in meinen Haaren sitzt, so dass ich mich schon auf meine Dusche freue. Die Tafelklamotten kommen zuhause umgehend in die Waschmaschine und auch den Trolley wasche ich immer gleich gründlich aus.

Mastermind

Das Jahr 2023 ist geprägt durch ein eigentlich trauriges Jubiläum: Vor dreißig Jahren wurden in Berlin die Tafeln gegründet, um die schlimmste Armut im Land über Lebensmittelspenden und ein System der Umverteilung von nicht mehr zu verkaufenden Lebensmitteln zu lindern. Die eigentlich als Provisorium angedachte Einrichtung hat sich jedoch als deprimierender Dauerzustand etabliert.

1993 gründete die findige Sabine Werth zusammen mit ihren Mitstreiterinnen der Initiativgruppe Berliner Frauen e.V. die erste deutsche Tafel nach New Yorker Vorbild mit dem Ziel, vor allem die Obdachlosen in der Stadt mit Essen zu unterstützen. Die Gründerin und ihre zum überwiegenden Teil ehrenamtlichen Mitarbeitenden widmen sich also nun seit drei Jahrzehnten mit Kreativität, Verve und Herzblut ihrem Projekt. Ziel war es immer, mit einem Maximum an Gemeinsinn und privatem Engagement alle Arten von Bedürftigen mit möglichst qualitätsvollen Nahrungsmitteln zu versorgen, die an anderer Stelle weggeworfen würden – die Nahrungsmittel, nicht die Bedürftigen! Dabei ist jedoch nicht eine Vollversorgung, die sowieso nicht geleistet werden könnte, beabsichtigt! Für Ihre Tätigkeit haben sich die Tafeln Werte wie Nachhaltigkeit, Humanität, Gerechtigkeit und Teilhabe sowie soziale Verantwortung auf ihre Fahnen geschrieben, wovon sich entsprechende staatliche Stellen eine ganz dicke Scheibe abschneiden sollten!

Die Tafelbewegung konnte sich schnell ausbreiten. Heute gibt es in Deutschland 960 Ausgabestellen der Tafel, allein in Berlin befinden sich 47 davon. Die lokalen Tafeln sind organisiert im Dachverband »Tafel Deutschland e. V.«, in dem unter anderem die zentrale Öffentlichkeitsarbeit, großorganisatorische Aufgaben und die Verwaltung von Sponsoringleistungen und Großspenden wahrgenommen werden. Die örtlichen Ausgabestellen befinden sich meistens in Kirchengemeinden, Nachbarschaftsheimen oder ähnlichen Einrichtungen, die der Tafel für einige Stunden ihre Räume unentgeltlich zur Verfügung stellen.

Die Waren werden von den Mitarbeitern bei den Läden und Supermärkten abgeholt und direkt zu den Ausgabestellen gebracht. Manches kommt auch aus einem zentralen Auslieferungslager, wie es sich etwa auf dem Berliner Großmarkt befindet. Bei den Sachspenden handelt es sich sowohl um nicht mehr frische Lebensmittel wie Obst, Gemüse und Molkereiprodukte, die nicht mehr verkauft werden können, als auch um alle anderen Arten von Lebensmitteln, die schon mit dem Verfallsdatum flirten, aus Fehlproduktionen stammen oder etwa falsch verpackt oder etikettiert sind. Auch Überbleibsel von Werbeaktionen oder Messen sowie Saisonware finden ihren Weg zur Tafel. Einen kleinen Teil machen dazu private Sachspenden oder Lebensmittel aus besonderen Akquiseaktionen der Tafeln aus.

Natürlich entstehen den Tafeln hohe Kosten für Transporte, Lagerhaltungskosten und die wenigen hauptamtlichen Mitarbeiter in den Zentralen, denn 90 Prozent der Helfer in allen Bereichen bis hin zum Vorstand arbeiten ehrenamtlich. Deshalb werben verschiedene Fundraisingprojekte ebenfalls Geldspenden ein, die von der Großspende etwa eines Unternehmens bis hin zur kleinen Pfandbonspende aus dem Discounter reichen.

Hier zeigt sich, welches logistische Mastermind hinter all dem stecken muss. Nicht nur ein gigantischer Warenfluss ist zu koordinieren: Im Jahr 2021 waren es bundesweit 265.000 Tonnen an Lebensmitteln, die es in soziale Einrichtungen und Ausgabestellen zu transportieren galt. Auch Heerscharen an Fahrern, Sortier- und Ausgabemitarbeitern, Bürokräften, Öffentlichkeitsarbeitern, Vorständen, Handwerkern und Fundraisern müssen organisiert werden. In Deutschland gibt es 60.000 helfende Menschen bei den Tafeln! Dazu kommen zeitweise sogenannte *Corporate Volunteers* aus sich sozial engagierenden Firmen, die statt Sach- oder Geldspenden zeitweilig Mitarbeiter für alle Einsatzbereiche entsenden. Die zahlenden Mitglieder des Vereins können zwar, müssen aber nicht selbst aktiv mitarbeiten. Unterstützung bei Großtransporten gibt es bisweilen auch durch das THW, die Freiwillige Feuerwehr oder das Rote Kreuz.

Von Anfang an begleiteten die Medien das Projekt immer sehr wohlwollend und trugen so zur Verbreitung der Idee bei. Die PR-Leute der Tafel konnten bei ihrer Tätigkeit immer auch auf verlässliche Medienpartnerschaften zählen.

Hier in Berlin ist das lokale »Laib und Seele« genannte Projekt eine Gemeinschaftsunternehmung der Berliner Tafel e.V., der evangelischen und der katholischen Kirche und des Rundfunks Berlin-Brandenburg. Erstere bringt ihre Erfahrung und ihre Infrastruktur ein, während die Kirchen die Ausgabeorte und meist das Gros der ehrenamtlichen Mitarbeiter stellen. Der Rundfunk unterstützt das Ganze vor allem durch Öffentlichkeitsarbeit.

Die Tafelidee wurde über die Jahre in die ganze weite Welt exportiert und mittlerweile arbeiten nach diesem Prinzip Lebensmittelausgabestellen in ganz Europa, den USA, Südafrika und Australien. Einmal kam eine mehrköpfige chinesische Delegation zu den Wartenden unserer Ausgabestelle. Diese Delegation hatte sich sicherheitshalber nicht in der Zentrale akkreditieren lassen und machte illegal vor Ort Interviews und Fotoaufnahmen. Als Britta dies mitbekam, hat sie die ganze Bande vom Hof gejagt. Auch ein nicht angemeldeter Fotograf, der die Wartenden ablichtete und damit unsere Persönlichkeitsrechte aufs Krasseste verletzte, musste diesen Weg gehen, kurz bevor ich den Mann anzeigen konnte.

Zum 25-jährigen Bestehen der Tafel gab es einen genehmigten Filmdreh des Rundfunks Berlin-Brandenburg bei uns, und hier ist die sensible Kameraarbeit zu loben, denn es wurden keine Gesichter gezeigt außer diejenigen der Tafelgänger, die sich selbst als Interviewpartner zur Verfügung stellten. In diesem Beitrag wurden auch einmal kritische Stimmen zum ganzen Tafelkonzept laut.

Die Kundschaft

Ist es zynisch oder wertschätzend, dass wir hier »Kundinnen und Kunden« genannt werden, wie übrigens auch die Menschen beim Jobcenter? Laut Wörterbuch ist ein Kunde » ... *jemand, der [regelmäßig] eine Ware kauft oder eine Dienstleistung in Anspruch nimmt* ...« und gegen Geld ein Geschäft abschließt. Das heißt, es handelt sich um eine neutrale Bezeichnung für eine Geschäftsbeziehung auf Augenhöhe, die zutreffend ist, wenn zum Beispiel jemand in einem Baumarkt mit Geld das einkauft, was er möchte. Diese Art Augenhöhe ist aber durch das Gefälle wegen der Bedürftigkeit und Abhängigkeit der sozial Schwachen bei der Tafel nicht gegeben. Ich bin fest überzeugt von und dankbar für Integrität und Wertschätzung der Tafelmitarbeiter und durfte diese auch schon oft erfahren. »Kunde« ist natürlich besser als »Bedürftiger«, dennoch hat der Begriff im Tafelzusammenhang für mich ein Geschmäckle, zumal bei vielen durch das permanente Gefühl des Zurückgesetztseins Empfindlichkeiten entstehen, die jemand, der fest im Leben steht, kaum nachvollziehen kann. Vielleicht gäbe es ja noch eine bessere Bezeichnung? Hiermit lobe ich einen Wettbewerb für den besten Begriff für uns Tafelkunden aus, Gewinn ist ein Geldbeutel mit einem symbolischen Euro!

Nach Angaben der Tafeln sind es in Deutschland mittlerweile zwei Millionen Menschen, die die Lebensmittelausgabe in Anspruch nehmen. 2018 waren es erst 1,5 Millionen von Armut betroffene Frauen, Männer und Kinder, die mit Lebensmittelspenden versorgt wurden.

Es gibt ja den neoliberalen Mythos, die Empfänger von Sozialleistungen seien arbeitsscheue Sozialschmarotzer, die unberechtigterweise auf Kosten der Fleißigen in unserem schönen Land leben und sich einen Lenz machen würden. Ganz sicher gibt es solche Exemplare. Unter den etwa 400 Tafelkollegen, die ich in all den Jahren kennenlernen durfte, waren vielleicht drei Menschen, auf die das zutrifft. Diese sind aber die Ausnahme, die die Regel bestätigen, dass keiner von uns parasitär und asozial oder sogar gesellschaftlicher Bodensatz und Abschaum ist, auch wenn ich mich in meiner Bedürftigkeit und meinem Mangel bisweilen so fühle.

Einst hatte ich ein »anderes Leben«, und zwar als selbstständige Kulturmanagerin, PR-Frau, Übersetzerin und Autorin. Als studierte Kunsthistorikerin gehöre ich heute zur wachsenden Zahl verarmter Akademiker, die keine festen Jobs mehr finden, zwangsläufig schlecht bezahlt freiberuflich arbeiten müssen und über die dann im Krankheitsfall die Katastrophe hereinbricht.

Seit 22 Jahren stehe ich krankheitsbedingt nicht mehr im Arbeitsleben. Da ich durch meine Erkrankungen nur wenige Jahre arbeiten konnte, fällt meine unbefristete Rente wegen voller Erwerbsminderung mit 260,35 Euro pro Monat äußerst mager aus. Das Sozialamt stockt diesen Betrag mit ergänzender Grundsicherung in Form des neuen Bürgergeldes auf. Der Regelsatz für Alleinstehende in Höhe von 502 Euro wird verrechnet mit meinem angeblich tatsächlichen Bedarf und der Rente. Monatlich stehen mir also für alles insgesamt knapp 950 Euro zur Verfügung. Das scheint auf den ersten Blick eine ganze Menge zu sein.

Aus diesen beiden Geldquellen bezahle ich Miete in Höhe von 415 Euro, Strom, Gas, Monatskarte, Telekommunikation, Bankgebühr, Versicherungen sowie meinen therapeutischen Rheumasport. Zudem begleiche ich damit von der Krankenkasse nicht übernommene, aber notwendige Medikamente in Höhe von bis zu 150 Euro im Monat und Zahnersatz und versorge meinen Hund (lebenswichtig!). Dazu kommen unentbehrliche Mitgliedschaften beim VDK, beim Mieterverein und in der

Rheumaliga. Damit bleiben monatlich allerhöchstens 100 Euro für Essen, Kleidung, Körperpflege, Haushalt, Kultur, Freizeit, Geburtstagsgeschenke für Freunde, Fahrten zur Familie, Wohnungsreparaturen etc. Was übrig bleibt, verschleudere ich sinnlos für Juwelen, Designerklamotten, meinen Fahrzeugpark und luxuriöse Fernreisen. Oder ich lasse mir künstliche Nägel machen und Schlauchbootlippen aufspritzen …

Kaputte Schuhe zum Schuster bringen wird schon arg, eine kaputte Waschmaschine zum existenziellen Super-GAU. Zusätzlich Kleidergeld oder Möbelzuschüsse wie früher gibt es vom Sozialamt nicht mehr. Laut der Berechnungen der Sätze bin ich angehalten, davon für solche Fälle entsprechende Rücklagen zu bilden. Wie genau das vonstatten gehen soll, ist für uns alle aber nicht nachvollziehbar. Natürlich bin ich froh über das soziale Netz, das mich hier auffängt. Doch reicht das Bürgergeld, das sich nicht an den tatsächlichen Erfordernissen orientiert, bei aller Sparsamkeit definitiv nicht zum Leben aus.

Deshalb muss ich jede Woche zur Tafel gehen, um dort Lebensmittel zu holen. Wie viele andere habe auch ich vor allem aus Scham die ersten Male geweint. An schlechten Tagen musste ich deshalb auch schon umkehren und unverrichteter Dinge nach Hause zurück.

Es besteht ja nachweislich ein Zusammenhang zwischen Bildungsstand und Armut. Zwar kommen folglich auch Menschen mit fehlender Ausbildung und niedrigen beruflichen Qualifikationen zur Tafel. Vielleicht überraschend ist aber die Tatsache, dass viele von uns sehr gut qualifiziert sind und ein ungeheures professionelles und kreatives Potenzial in sich versammeln. So hat Dariusz Cello studiert und ist selbstständiger Musiker und Musikpädagoge. Die Zahl seiner Engagements und Schüler reicht aber für seinen Lebensunterhalt nicht aus, zumal er mit seiner Schwerbehinderung nur noch eingeschränkt erwerbsfähig ist. Helmuth ist Kameramann und Schriftsteller und hat früher einmal einen der wichtigsten Kulturpreise in Deutschland bekommen. Seine chronischen Depressionen jedoch verunmöglichen ein weiteres Arbeiten, als freier Kunstschaffender hat er nie genug verdient und deshalb muss er heute zur Tafel gehen. Sven als ehemaligen schlecht bezahlten Sozialassistenten beziehungsweise Kinderpfleger mit Patchworkbiografie treibt seine Niedrigrente hierher.

Also Lebensläufe sehr gut ausgebildeter Menschen aus der Mitte der Gesellschaft! Der Grat zwischen den »Normalos« und uns ist schmal. Nur haben wir hier die Erfahrung gemacht, dass man ganz schnell und jederzeit durch irgendwelche Schicksalsschläge abstürzen kann. Sehr, sehr viele hier sind übrigens durch Krankheit in diese Situation geraten, ich würde sogar sagen, die allermeisten.

Außergewöhnlich hoch ist der Anteil derer, die, um es so neutral wie möglich zu formulieren, nicht nach der Durchschnittsnorm leben: So kommt jeden Dienstag das »Rotkäppchen« hierher, wie ich den immer sehr angenehmen Mann nenne. Ein Guru hatte ihm einst erzählt, dass es gut für sein Karma wäre, ausschließlich Rot zu tragen. Das aus ruinösen Stücken bestehende, rote Outfit wird an diesem Tag gekrönt durch eine rotsamtene Babyhose, die als Mütze getragen wird. Rotkäppchen läuft ausschließlich rückwärts. Ob ihm das auch ein Guru empfohlen hat, vermag ich nicht zu sagen.

Gleich zwei Herren aus unseren Reihen gibt es, die jahrein, jahraus und sommers wie winters barfuß laufen. Zwei andere Männer, die von mir so genannten »Propheten«, tragen ganz lange, wallende graue Haare und Bärte.

Der freundliche David hat offenbar schwere psychotische Episoden. Manchmal entkommt er seinen Betreuern und lebt wochenlang in einem mit Laub bedeckten Erdloch in den Brandenburgischen Wäldern. Er weiß alles über Pflanzen und Pilze und wir haben schon faszinierende Gespräche miteinander geführt.

Ein weiterer seltsamer Vogel ist Ellen, eine kultivierte und nette Frau, die aber im Zuge des Verstehenwollens der eigenen Krebserkrankung den verschiedensten Verschwörungstheorien anhängt, deren neueste sie jede Woche mit einem Buch und einem Ausdruck aus dem Internet präsentiert. Noch vor Corona und dem Querdenkertum nahm sie mich zur Seite, zeigte in den Himmel und raunte mir zu: »Siehst Du das?« Ich blickte in den bewölkten Himmel und mir fiel nichts Besonderes auf. »Das war wieder Bill Gates!«, zischte sie. »Hinten sind die guten Wolken, die echten. Vorne sind die grauen Schlechtwetterwolken. Die kann Bill Gates heute schon künstlich herstellen. Er hat in den USA ein Patent auf das Wettermachen angemeldet, die wenigsten wissen das, und er bestimmt heute schon weltweit das Wetter!« Mein vorsichtiger Einwand, ich würde solche Wolkengebilde schon seit meiner Kindheit kennen und für normal erachten, wurde mit einem verächtlichen Schnauben zur Seite gewischt. Ach, am Ende hat sie vielleicht sogar recht!

Oft ist diese konzentrierte Ansammlung besonderer Menschen amüsant und bereichernd. Es gab aber schon viele Male, an denen es mir selbst nicht gut ging und ich sehr dünnhäutig war. Dann konnte ich diesen ganzen geballten Irrsinn nicht mehr aushalten und bin mit leeren

Taschen zurück in mein sicheres Zuhause geflohen.

Viele Tafelgänger können einen regelrechten Job aus verschiedenen Gründen nicht mehr ausfüllen, möchten sich aber gesellschaftlich engagieren. So arbeitet eine Tafelbekanntschaft stundenweise ehrenamtlich in einem Hospiz, eine andere ist in der Flüchtlingshilfe aktiv. Ich selbst war bis zur Corona-Pandemie Lesepatin in einer Schule, deren Schüler zu 99 Prozent Migrationshintergrund und damit große Schwierigkeiten mit der deutschen Sprache haben. Damit hatte ich wenigstens ein bisschen das Gefühl, noch mein Möglichstes zum Gemeinwesen beizutragen und etwas zurückzugeben von dem, was ich an Unterstützung erhalte. Außerdem machte es einfach Spaß, ich war unter Menschen, durfte mein Wissen weitergeben und bekam Anerkennung.

Viele hart Arbeitende hegen ja einen heimlichen Traum von ewiger Freizeit. Aber lasst Euch gesagt sein, spätestens nach vier Wochen jedoch wird es unendlich öde ohne Inhalt und Perspektive. Ohne äußeren Rahmen ist es für viele Menschen sehr schwer, sich selbst zu strukturieren und den Tag sinnvoll zu gestalten. Ich kann aus eigener leidvoller Erfahrung sagen, dass sich das gar nicht gut anfühlt, und nicht nur, weil mir das nötige Kleingeld für die schicken Aktivitäten fehlt.

Wer körperlich und geistig gesund und dazu in der Lage ist, trägt meiner Erfahrung nach gerne seinen Teil zu einem funktionierenden Gemeinwesen bei. Ich bin der festen Überzeugung, dass die meisten Menschen sinnvoll arbeiten möchten und sich die wenigsten bei einem bedingungslosen Grundeinkommen auf die faule Haut legen würden. Natürlich gibt es immer Schnorrer und schwarze Schafe, aber die würden ja sowieso nicht arbeiten. Eben genau diejenigen, die das jetzt auch schon so halten. Meiner Ansicht und Erfahrung nach gehört es zu unserer menschlichen Ursehnsucht gebraucht zu werden, nützlich zu sein und aktiv am Leben teilzunehmen und so eben auch zu arbeiten. Dass die meiste Arbeit heutzutage erdrückt, krank macht und entfremdet, steht auf einem anderen Blatt. Auch hier gäbe es vielleicht bei einem bedingungslosen Grundeinkommen die Chance für eine neue Gestaltung von Arbeit.

Wahrscheinlich muss ich mir den Vorwurf gefallen lassen, eine naive Sozialromantikerin zu sein. Doch ziehe ich diese Schlüsse aus meinem eigenen Erleben und meinen Beobachtungen bei der Tafel. Als ich wegen meiner Krankheiten das Arbeiten aufgeben musste, habe ich unendlich gelitten, da ich mir ohne Arbeit wertlos vorkam. Ich bin in eine regelrechte Identitätskrise gefallen und habe damals vor lauter Schreck alle sozialen Aktivitäten eingestellt.

Genau diese Isolation und Einsamkeit haben mir viele Tafelkollegen in Gesprächen bestätigt. Martin zum Beispiel war freiberuflicher Aufnahmeleiter beim Fernsehen, er hatte nie Rücklagen gebildet und stand dann vor dem Aus, als keine Aufträge mehr kamen. Anfänglich hat er sich noch mit alten Kollegen getroffen. Er kam sich aber zunehmend als Außerirdischer vor, konnte er sich doch nicht einmal mehr bei einer Einladung die obligatorische Flasche Wein als Mitbringsel für die Gastgeber leisten. Bei den Gesprächsthemen fühlte er sich außen vor und war es auch: Geschichten aus dem Arbeitsleben, Urlaube, Restaurantbesuche – für ihn mittlerweile ferne Welten. Er zog sich immer mehr zurück und ließ sein Äußeres verwahrlosen als Spiegel seiner inneren Verfassung.

Interessant ist in diesem Zusammenhang ist ein Blick auf die sprachliche Herkunft des Begriffes »arm«: Sprachwissenschaftler sehen die Wurzeln des Wortes sowohl im Griechischen wie auch im Altgermanischen, wobei die Bedeutung jeweils »vereinsamt, verwaist, verlassen« ist.

An dieser Stelle wird deutlich, dass den Ausgabestellen der Tafel auch eine wichtige soziale Funktion als Treffpunkt zukommt: ein fester Termin in einer losen Woche,

Freundschaften knüpfen und pflegen, plaudern. Manche Ausgabestellen bieten sogar für den schmalen Geldbeutel ein gemeinsames Frühstück oder Mittagessen an den jeweiligen Tagen an.

Ich habe dazu ganz ambivalente Gefühle, einerseits ist es eine ungeheure Erleichterung auf Menschen zu treffen, die in der gleichen Situation sind. Es kann so wohltuend sein, sich mit anderen Betroffenen auszutauschen und zu sehen, dass ich nicht alleine bin. Man muss sich nicht mehr erklären, nicht mehr anstrengen und verstellen, ist auf dem Weg nach unten hübsch unter sich, braucht sich und anderen nichts mehr beweisen und nichts mehr leisten. Ich muss nicht mehr so tun, als wäre alles in Ordnung, denn das ist es nicht. Andererseits zieht mich diese unsichtbare Parallelwelt mit Gettogeruch oft noch mehr nach unten und deprimiert mich ohnegleichen. Hier unten wir und dort oben die anderen, dazwischen eine unsichtbare Glaswand, an der man sich eine blutige Nase holt.

Armut ist grenzenlos. Unter den Wartenden herrscht ein nachgerade babylonisches Sprachgewirr, denn sie kommen aus aller Herren und Damen Länder: aus Albanien, Afghanistan, Bulgarien, Chile, Dagestan (da musste ich mit meinem eurozentristischen Weltbild erst einmal nachschlagen, wo genau das liegt!), Deutschland, England,

Finnland, dem Iran, Irland, Italien, Kasachstan, Kolumbien, dem Kosovo, Kroatien, Moldawien, der Mongolei, Polen, Russland, Spanien, Syrien, der Türkei, der Ukraine, Weißrussland und den USA! Von den aus dem Ausland kommenden leben viele schon seit Jahrzehnten hier in Deutschland. Einige sind aber erst im Zuge der beiden großen Flüchtlingswellen der letzten Jahre hier angekommen.

Im Mikrokosmos Tafel herrscht prinzipiell ein harter Konkurrenzkampf um die letzte Tüte Milch und regelrechter Futterneid, wenn der vorne in der Schlange ein richtiges Stück Butter bekommt. Da wird auch schon mal gepöbelt. Auf der anderen Seite sehe ich jedoch oft Solidarität, Großzügigkeit und Hilfsbereitschaft. Ines hat mir einmal den Vortritt in der Schlange gelassen, nachdem ich einen seltenen Arzttermin für knapp nach der Ausgabe hatte ergattern können, den ich mit meiner hohen Wartenummer aber nicht mehr rechtzeitig geschafft hätte. Und die Lebensmittel benötigte ich ebenfalls dringend. Auch Schenken und Geben ist bei uns immer wieder ein wichtiger Punkt. Nicht selten machen einige ihren Tafelfreunden kleine Geschenke von dem, was sie selbst gerade bekommen haben. Und als die herzkranke Friseurin Brigitta zuhause bleiben musste und eine Weile nicht kommen konnte, haben die Tafelfreundinnen mit einer Vollmacht für sie hier »eingekauft«.

Natürlich sind die Tafelkunden in einer sehr speziellen Lebenssituation. Doch zeigt das Tafelhabitat deutlich, dass es den Menschen eben auch nur wie den Leuten geht.

Jede Woche kommen zwischen 80 und 120 Personen an diese Ausgabestelle. In Stoßzeiten reichen die Wartenummern nicht einmal aus. Dabei ist diese Zahl nur die Spitze des Eisberges. Verdeckte Armut in Deutschland kann nur sehr ungenau erfasst werden und es gibt unzählige Menschen, die zwar einen Anspruch auf Grundsicherungsleistungen durch staatliche Stellen hätten, diesen aber aus unterschiedlichen Gründen nicht geltend machen. Analog dazu gibt es bei der Tafel eine verdeckte Kundenzahl, denn nur ein Bruchteil der Anspruchsberechtigten findet trotz der Niedrigschwelligkeit des Angebotes den Weg dorthin. Wenn wirklich alle kämen, bräche vor den sowieso schon überlasteten Ausgabestellen eine wahre Brotrevolution aus. Von meinem Nachbarn Thomas weiß ich, dass er buchstäblich nichts zu fressen hat, sich aber aus Stolz weigert zur Tafel zu gehen, weil er dies als zutiefst entwürdigend empfindet.

Tutti Frutti

An der nächsten Station wartet auf langen Tischen Obst in großen gelben Plastikkörben. Nach Messen wie der »Grünen Woche« oder der »Fruit Logistica« gab es vor Corona immer jede Menge frische Früchte. Doch in diesen Tagen lässt oft die Menge zu wünschen übrig und mit einer Orange für die Woche kommt man nicht weit. Heute jedoch sieht es sehr gut aus. Ich kann sieben angeschlagene Äpfel und eine prächtige Nashibirne ergattern. Bei letzterer habe ich Glück, denn so exotische Früchte wie auch Kaki, Lychee oder Passionsfrüchte werden von vielen in Unkenntnis von Beschaffenheit, Handhabung oder Zubereitungsart abgelehnt.

Hinter dem Obst werkelt an den Kisten Oliver, der für seine Tafelgänger immer nur das Beste will und bei allen besonders beliebt ist, weil er sehr großzügig ausgibt. Er kommt mir nachgelaufen und packt wortlos noch eine Handvoll mir eigentlich nicht mehr zustehender Mandarinen in meinen Wagen. Saisonales Obst gibt es zuweilen von Schrebergärtnern, die dann einige Körbe Kirschen,

Zwetschgen oder Äpfel oder auch einmal selbstgekochte Marmelade vorbeibringen.

Am Obststand einige Meter vor mir höre ich einen kleinen, offenbar sehr gut erzogenen Jungen höflich fragen: »Mami, könnte ich vielleicht wieder einmal eine Banane bekommen?« Ich bin fassungslos. In dieser Familie gibt es nicht genügend Mittel, um für das Kind frisches Obst mit lebensnotwendigen Vitaminen zum gesunden Aufwachsen zu kaufen! Mitten im reichen Deutschland! Hier vor mir steht die personifizierte Kinderarmut, die sonst nur in Form anonymer Statistiken sichtbar ist. Ich kenne Mutter und Sohn. Elsa ist alleinerziehend und als promovierte Archäologin prekär arbeitende Freelancerin. Der Vater zahlt nicht für den siebenjährigen Jasper und so springt das Amt für den Mindestunterhalt ein. Die Aufträge für die freiberufliche Wissenschaftlerin und die ergänzende Unterstützung vom Sozialamt reichen einfach nicht aus. Um mit ihrem Kind über die Runden zu kommen, muss sie dann Lebensmittel bei der Tafel holen. Sie sagt, für sie fühlt es sich so an, als wurde sie der Staat dafür bestrafen, dass sie ein Kind bekommen hat.

Die Tafel ist kein guter Ort für Kinder. Einige Eltern müssen ihre Kinder mitbringen, weil sie gar keine andere Wahl haben und ihren Nachwuchs für die Zeit des Tafelganges nicht unterbringen oder alleine zuhause lassen können. Dann sind da noch die ganz Schlauen, die ihre Kinder absichtlich mitbringen. Entweder damit diese beim Tragen der Lebensmittel helfen, oder um das Herz der ehrenamtlichen Mitarbeiter zu erweichen, die beim Anblick der Kinder mehr Lebensmittel herausrücken sollen. Zur Ferienzeit sind immer viele Kinder da.

Hier kommt die skandalöse Zahl zum Thema: Laut Paritätischem Wohlfahrtsverband leben 20 Prozent der Kinder und Jugendlichen in Deutschland am Existenzminimum. Das soll unsere Zukunft sein?!

Es werden auch spezielle Hilfsangebote für bedürftige Familien organisiert, was aber natürlich nicht flächendeckend möglich ist und manchmal nur ein Tropfen auf den heißen Stein. Darunter fallen zu Schulbeginn Spenden in Form von Schultüten und Schulsachen für die Kinder dieser Familien.

Frauen mit Babies bekommen eine G-Nummer, damit sie nicht so lange warten müssen. Auch die Schwangeren genießen zurecht diese Vorzugsbehandlung. Ich wurde einmal Zeuge einer grauenvollen Begebenheit, die zeigt, dass sich hier schon viele rohe und primitive Gesellen herumtreiben. Eine hochschwangere Frau hatte einmal einen direkt vor der Eingangstür wartenden Mann gebeten, ob er sie vorlassen würde. Ihr würde es gerade nicht gut gehen, sie hätte eine Risikoschwangerschaft und dürfte eigentlich gar nicht aufstehen und herumlaufen. Sie wäre aber alleinstehend und würde dringend Essen für sich und ihre Kleinen benötigen. Der Mann – der größte und dickste und hässlichste Mensch, den ich je gesehen habe, raunzte sie daraufhin an: »*Ey neh, Alte, echt nich, du hättst dir ja nich' bumsen lassen brauchen!*« Ohne Kommentar.

Wie schon das Gemüse ist auch das Obst in sehr unterschiedlichem Erhaltungszustand. Einige Stücke können noch perfekt sein, aber ich hatte auch schon eine innen komplett verfaulte Ananas, eine vergorene Melone oder schwarze Bananen. Oft ist die oberste Obstschicht in den Schalen noch gut, während die Erdbeeren oder Weintrauben am Boden der Behältnisse schon Vergangenheit sind. Dann hat man im Trolley oder zuhause eine rechte Schweinerei.

Als ich zu der Kiste mit Bananen komme, sind diese heute leider schon alle. Schade! Manchmal gibt es an dieser Stelle noch frische Kräuter, die oftmals schon sehr schlapp aussehen. Doch ich hatte auch schon großes Glück und konnte mit etwas Wasser und Zuspruch einen Topf mit Basilikum oder Schnittlauch über den ganzen Sommer retten. Frische Kresse steht an dieser Station bisweilen ebenso.

Insgesamt sieht es an der Obstfront heute unter dem Strich zufriedenstellend aus.

Während ich mit meinen Vitaminen eine Station weiterziehe, entsteht gerade ein Miniaturgerangel in der Mitte des Saals. Die pfiffige Britta hat ihre Augen überall und so hat sie gesehen, dass eine der Begleitpersonen keine Maske trägt. Sehr sozial kompetent überzeugt sie den Uneinsichtigen, dass trotz der allgemeinen Aufhebung der Maskenpflicht auf freier Wildbahn das Tragen einer Maske hier bei der Ausgabe unerlässlich ist.

Schlaraffenland

Die Tafelware ist vielfältigster Provenienz.

Größere Chargen verschiedenster Artikel kommen in unregelmäßigen Abständen von Messen, Großveranstaltungen, Promotionkampagnen und Werbeaktionen. Auch die Gastronomie spendet übrige Lebensmittel, wobei fertige Speisen nicht in die Ausgabestellen der Tafeln kommen, sondern eher in soziale Einrichtungen. Darüber hinaus überlassen Privathaushalte mitunter Lebensmittel und Speisen, etwa nach großen Festen.

Das Management der Tafel verwendet unerhört viel Kreativität und Koordinationsstärke darauf, Lebensmittelspenden für die Ausgabestellen zu organisieren. In den konzertierten Aktionen »Eins mehr« stellen sich die Ehrenamtlichen in ihrer Freizeit vor die großen Discounter und bitten die Einkaufenden, einen zusätzlichen Artikel als Spende für die Tafel mitzubringen. Auch unterhält die Tafel einen Vintageladen, dessen Artikel nicht nur gegen Bezahlung mit Geld erworben werden können, sondern auch gegen eine Spende in Form haltbarer Lebensmittel.

Alkohol als Spende nimmt die Tafel übrigens nicht an und gibt ihn auch nicht aus. Die hier vielfach vertretenen Suchtkranken sollen nicht zusätzlich gefährdet werden und rauschende Feste vor den Ausgabestellen sind auch nicht wirklich erwünscht.

In meiner Kirchengemeinde steht am Eingang ein beschrifteter Sammelkorb für Warenspenden an die Tafel, der jedoch meistens leer ist. Hier unterstelle ich, dass dies keinesfalls aus Geiz oder Bösartigkeit geschieht, sondern weil es für alle Beteiligten unpraktisch ist.

Die meisten Tafellebensmittel stammen aus dem Einzelhandel. Dazu gehört überwiegend Frischware, die sich wohl nicht mehr verkaufen lässt und sonst weggeworfen würde, aber auch Verpacktes an der Grenze des Mindesthaltbarkeitsdatums. Diese Lebensmittelspenden an die Tafel sind aber kein Ausdruck eines barmherzigen Gutmenschentums und eines ausgeprägten Umweltbewusstseins als Reueleistung für das Streben nach rücksichtsloser Profitmaximierung. Vielmehr bieten sie etwa den Supermärkten einen handfesten, wirtschaftlichen Dreifachvorteil: Die Entsorgungskosten für Abfälle werden niedriger gehalten, eine Spendenquittung hilft Steuern sparen und der Imagegewinn ist sowieso unbezahlbar.

Armut macht reich! Aber natürlich nicht die Armen.

Es hat sich eine regelrechte, höchst bizarre Blüten treibende Armutsindustrie ausgebildet, die sich auf den ersten Blick als karitativ und philanthropisch darstellt. Auf den zweiten Blick jedoch wird die Motivation für die scheinbar sozialen Aktivitäten schnell klar.

Ein Beispiel hierfür ist die anscheinend solidarische Aktion »Gemeinsam Teller füllen« der Firma Rewe, die in den vergangenen Jahren mehrfach durchgeführt wurde. Es werden in den Märkten der Kette fertig konfektionierte Tüten mit Lebensmitteln im Wert von fünf Euro verkauft und die Supermarktkette spendet diese Tüten dann der Tafel. Das ist doch wunderbar, oder?

Nein. Ich war entsetzt, als ich 2019 eine solche Tüte nach einem Tafeltag zuhause auspackte, denn diese Tüten enthielten nichts, was ich jemals kaufen würde. Es handelte sich ausschließlich um Produkte der hauseigenen Billigmarke, mithin schlecht schmeckende Fertigprodukte mit zweifelhaften Zutaten ohne jeden vernünftigen Nährwert wie etwa Fertigtomatensuppe oder Partysalzstangen. Allenfalls den Kochbeutelreis finde ich nützlich. Große, schwere Verpackungen, die die großen Tüten füllen sollen. Masse. Klassische Mogelpackung.

Viele Käufer wollten helfen und haben gutgläubig und in bester Absicht laut Werbeflyer der Firma Rewe drei Millionen solcher Tüten bezahlt. Das bedeutet, dass der Lebensmittelriese mit dieser Aktion einen Umsatz von 15 Millionen Euro erwirtschaftet hat! Das Packen der Tüten kann wohl auch nicht als Sonderposten an Personalaufwand in Abzug gebracht werden, denn alle standardmäßigen Marketingaktionen wie das Füllen von Schultüten oder Nikolausstiefeln fallen in diese Kategorie. Das Unternehmen rühmt sich, selbst noch einmal zusätzlich 40.000 solcher Tüten gespendet zu haben, was einem Betrag von 200.000 Euro entspricht. Selbst wenn man also diesen Posten von den 15 Millionen Euro abzieht, stellt sich die berechtigte Frage, ob bei diesem Umsatz nicht etwa über den Imagegewinn hinaus auch ein erklecklicher monetärer Gewinn im Geschäft mit der Armut angefallen sein könnte.

Bei der Tafel gibt es alles. Theoretisch.

In der Praxis sieht das anders aus. Zwar versuchen die Organisatoren nach Kräften, vor allem gute und frische Waren aus dem Bereich Obst und Gemüse in ausreichender Menge für möglichst viele Spendenempfänger zu beschaffen und zu verteilen. Dies ist aber in der Realität gar nicht zu leisten.

Ich erlebe bei meinen Tafeldienstagen eine zunehmende Spendenknappheit und in meinem Trolley finden sich selbst bei guten Wartenummern immer weniger Lebensmittel, während sich hier im Hof immer mehr Menschen drängen. Die beiden benachbarten Stellen im Bezirk haben schon für Neukunden geschlossen und können trotz des nicht abreißenden Zustroms niemanden mehr annehmen. Manchmal ist es auch Praxis, Kunden, die aus welchen Gründen auch immer länger nicht mehr zur Ausgabe gekommen sind, rigide von der Liste zu streichen, damit Plätze für etwaige Nachrücker frei werden.

Die Ursachen für den drohenden Zusammenbruch des Systems Tafel sind vielfältig. Im Rahmen der großen Flüchtlingsströme unserer Zeit, aber auch durch die Arbeitsmarktverwerfungen der Corona-Pandemie, die Inflation und die Energiekrise ist die Zahl der Bedürftigen teilweise um das Doppelte gestiegen. Immer mehr Kunden entstammen der einst so sicher scheinenden Mittelschicht. Gleichzeitig sinkt durch die allgemein knapperen Mittel die Spendenbereitschaft. Auch das Aufkommen an Sachspenden in Form von Lebensmitteln ist massiv gesunken. Da der Handel mittlerweile anders kalkuliert (was im Grunde längst überfällig und prinzipiell ja ein Segen ist!), fällt weniger Auszusonderndes an. Zudem gibt es aufgrund komplexer Ursachen in einigen Bereichen Lebensmittelverknappungen. In der Folge landen auch immer weniger Lebensmittel bei der Tafel.

Dies alles ist nicht die Schuld der Tafeln, und die tendenziöse Berichterstattung der Medien sollte sich eher auf defizitäre staatliche Stellen als auf die Tafeln beziehen. Letztere haben ihre Belastungsgrenze erreicht und sind hier nicht in der Pflicht!

Kültür

Hin und wieder bekommen wir Wartenden Besuch von Rita Schubert, die den Verein »Kulturleben« vertritt und Gäste für diese »Kulturtafel« wirbt. Es fühlt sich schön an, von jemandem mit dem Bedürfnis nicht nur nach Brot, sondern auch nach Kultur wahrgenommen zu werden und dann so nett als willkommener »Gast« bezeichnet zu werden! Ich habe auf einem Fragebogen ankreuzen können, welche Art von Kulturveranstaltung mir gefällt – Theater, Kino, Klassische Konzerte, Popmusik, Ballett, Sportveranstaltungen, Kabarett und weitere Sparten. Manche Veranstalter geben sehr kurzfristig nicht verkaufte Restkarten ab, manche sind sogar so sozial eingestellt, dass sie immer im Voraus ein bestimmtes Kartenkontingent für Bedürftige bereithalten. Die Regelung des Vereins besagt, dass mir pro Monat der Besuch einer Kulturveranstaltung zusteht. Entweder werde ich von den Ehrenamtlichen angerufen mit Vorschlägen oder ich kann mich selbst dort melden und erfragen, welche Angebote es gibt. Ganz großartig ist, dass ich noch jemanden mitnehmen kann auf eine zweite Karte, denn hier hat wirklich jemand mitgedacht! Die Qualität der Events ist völlig unterschiedlich. Ich bin einmal aus einer Grauen erregenden Comedyshow weit unter Schulfestniveau herausgerannt, durfte aber auch schon ein brillantes Konzert meiner Lieblingsviolinistin in der Philharmonie hören. Hervorzuheben ist an dieser Stelle unbedingt das schöne, alte Friedrichshagener Union-Kino, das immer Freikarten für tolle Vorstellungen vergibt.

Angeblich sei in den Regelsätzen ein bestimmter Betrag für kulturelle Teilhabe eingestellt, von uns hat aber noch niemand herausgefunden, wo.

Natürlich könnte man sich einen vereinzelten Kinobesuch im wahrsten Sinne des Wortes vom Mund absparen, was einige von uns gelegentlich tun. Aber auch hier ist der Staat in der Pflicht.

Der Berliner Senat hat dieser Tatsache schon vor vielen Jahren mit Einführung der Drei-Euro-Regelung Rechnung getragen. Danach soll es für Bedürftige möglich sein, für den meist erschwinglichen Eintritt von drei Euro die öffentlich subventionierten Theater, Opern- und Konzerthäuser besuchen zu können. Doch Theorie und Praxis klaffen weit auseinander, denn in der Umsetzung dieser Regelung sind die Kulturbetriebe frei und werden offenbar auch nicht kontrolliert. Ein planbarer Theaterbesuch mit Freunden etwa wird dadurch völlig unmöglich. In vielen Häusern ist erst kurz vor Beginn eine etwaige Restkarte verfügbar, die gerne auch teurer ist, als die vom Senat vorgegebenen drei Euro. Nicht nur reist man dann umsonst durch die Stadt, was natürlich auch anderen, die eine »normale« Karte ergattern möchten, passieren kann, wenn eine Vorstellung ausverkauft ist. Letztere haben aber zumindest eine prinzipielle Chance, überhaupt eine Karte bekommen zu können. Das Unangenehme an diesem Konzept ist darüber hinaus, dass ich nur alleine in eine Veranstaltung gehen kann, was nicht wirklich attraktiv ist. Zudem gilt in der praktischen Umsetzung diese Ermäßigung mitunter nur für bestimmte Wochentage, so dass ich nicht wirklich die Wahl habe, welches Stück ich mir ansehen kann.

Wunderbar sind die Museen mit einer Null-Euro-Regelung, das heißt als Bezieherin von Transferleistungen wie Bürgergeld habe ich dort freien Eintritt, manchmal sogar für die attraktiven großen Sonderausstellungen. Zu diesen Häusern gehören die Staatlichen Museen zu Berlin oder auch die Berliner Festspiele mit ihren exquisiten Schauen im Gropiusbau. Für viele Kulturinstitutionen wie den Botanischen Garten, das Deutsche Technikmuseum oder das Deutsche Historische Museum gibt es ermäßigten Eintritt, wobei ein scheinbar niedriger Betrag von durchschnittlich vier Euro für unsereins tatsächlich nicht zu stemmen ist, zumal wenn eine ganze Familie ins Museum möchte. Im Zweifelsfall muss dann eben auf Kultur als Lebensmittel verzichtet werden.

Mehrere sehr betuchte Sammler zeigen in Berlin der geneigten Öffentlichkeit ihre Privatsammlungen mit oft herausragenden Kunstwerken. Spannend ist hier vor dem Hintergrund des beträchtlichen Reichtums dieses Personenkreises ein Blick auf die Zugangspolitik, die in der Praxis meist nur Privilegierte umfasst. Und selbstverständlich bin ich da als kunstverrückte Prekarianerin von giftgrünem Sozialneid zerfressen und bitter! Zwar gibt es manchmal Ermäßigungen wie etwa in der Sammlung Boros oder der Feuerle Collection. Bei einer Eintrittssumme von 14 Euro gewährt die Sammlung Hoffmann aber überhaupt keine Ermäßigung, außer für Studenten unter 25 Jahren. Die Sammlerin hält nach dem Rundgang immer Hof und so hatte ich Gelegenheit sie zu fragen, warum es keine Ermäßigung gäbe und ob sie glaubte, der Genuss von Kunst sollte nur den Geldkräftigen vorbehalten sein. Frau Hoffmann schwieg mich an und blieb mir eine Antwort schuldig. Na ja, man will sich ja schließlich auch nicht den Mob ins Haus holen! Eine rühmliche Ausnahme bildet in diesem Zusammenhang die Julia-Stoschek-Collection, die finanziell schlechter Gestellten freien Eintritt und sogar kostenfreie Führungen gewährt.

Doch noch weit vor der Kultur kommt das Basisrecht auf Information, dem etwa dadurch Rechnung getragen wird, dass wir von den GEZ-Gebühren befreit sind und uns so mittels Radio, Fernsehen und Internet informieren könnten.

Letzteres scheint heutzutage Standard für jeden zu sein und wird als völlig selbstverständlich vorausgesetzt. Angeblich soll ja die umfassende Digitalisierung unserer Welt ein Akt der Demokratisierung sein. Allein, bereits die technischen Voraussetzungen dafür sind wegen fehlender Mittel für viele von uns ein Teilhabeproblem, auch wenn man nicht zu denen gehören möchte, die sich irrwitzigerweise jedes Jahr ein neues Handy oder einen neuen Rechner kaufen. Meine Freundin Marlene hat zum Beispiel einen antiken Knochen, mit dem sie nur telefonieren kann, der aber nicht internetfähig ist. Sie besitzt keinen Computer und hat auch keine Aussicht, sich je einen kaufen zu können. So bucht sie in ihrer örtlichen Leihbibliothek mit langem Vorlauf ein einstündiges Zeitfenster pro Woche, um E-Mails lesen oder im Internet recherchieren zu können. Meine andere Freundin Gesa hingegen musste für verschiedene berufliche Forschungsprojekte jeweils immer eine neue technische Ausstattung kaufen und so hatte ich das große Glück, ihr abgelegtes Turbo-Smartphone zu bekommen, das mich schon lange treu begleitet.

Für die meisten heute sind Online-Banking, Internetbestellungen oder Reisebuchungen per Computer eine völlige Selbstverständlichkeit, für die Tafelklientel jedoch nicht! Nicht nur aufgrund fehlender Finanzen für diese Transaktionen oder mangelnder Kreditwürdigkeit – eine Kreditkarte ist für uns ein Ding der Unmöglichkeit und wir müssen auch regelmäßig die Kontoauszüge beim Amt vorlegen. Sondern weil schlicht die Hardware fehlt. Ich habe in dieser Beziehung Glück. Mein technisch versierter Bruder kauft in meinem Auftrag alle zwei Jahre bei Ebay einen gebrauchten Rechner für wenige Euro und richtet ihn für mich ein. Trotz der erfreulichen Nachhaltigkeit dieses Prinzips läuft aber vieles auf diesen Dingern gar nicht mehr, sie stottern unendlich langsam vor sich hin und kommen immer schnell in den Hardwarehimmel.

Auch eine unschuldige kleine Vergnügung wie der Kauf einer Zeitung, die man zuhause bei einer Tasse Kaffee liest, ist im Budget nicht enthalten. Presse und Bücher stehen immerhin auskömmlich und kostenfrei in den öffentlichen Bibliotheken leihweise zur Verfügung. Es wäre aber manchmal einfach schön, einen solch' bescheidenen Luxus leben zu können. Und ja, wir sind hier nicht bei »Wünsch' Dir was«, sondern bei »So isses« und nein, das Leben ist kein Ponyhof …

Wie dieses Kapitel zeigt, ist meine Armut natürlich eine relative und ich weiß es zu schätzen, dass ich in der besten aller Welten lebe. Verglichen mit unzähligen Menschen in den meisten Gegenden dieser Welt ist mein Lebensstandard gewiss enorm hoch. Niemand verhungert hier wirklich. Meine Freunde aus den USA oder Italien können es kaum fassen, wie hier öffentliche und private Stellen versuchen, eine Grundversorgung mit Lebensmitteln und Wohnraum und einen Zugang zu Bildung und medizinischer Versorgung für alle zu gewährleisten. Und dennoch ist es nicht ausreichend!

Absolut arm ist in unserem Land beinahe niemand. Die Obdachlosen fallen aber beispielsweise in diese von der Weltbank festgelegte Kategorie, in der einer Einzelperson weniger als 1,90 US-Dollar pro Tag zur Verfügung steht. Damit können Grundbedürfnisse in Form von Nahrung, Kleidung, Wohnung, Gesundheit und Wohnraum nicht befriedigt werden.

Mit der relativen Armut, die per offizieller Definition im Vergleich zum jeweiligen sozialen Umfeld eines

Menschen beziffert wird, sieht das aber im reichen Deutschland schon anders aus. Als relativ arm gilt in der Europäischen Union, wer über weniger als 60 Prozent des mittleren Einkommens der Gesamtbevölkerung verfügen kann. Laut der Pressemeldung des Statistischen Bundesamtes im August 2022 lag der Schwellenwert hierfür im Jahr 2021 bei 15.009 Euro netto im Jahr beziehungsweise 1.251 Euro netto im Monat.

Ich sehe mich eben nicht im Vergleich mit einem Dürreopfer in der Sahel-Zone, einem Vergleich, bei dem ich mit meinem hiesigen Leben selbstredend sehr gut abschneiden würde. Sondern ich habe als Bezugspunkt meine nächste Lebenswirklichkeit, meine Ex-Kollegen, meine Nachbarn oder meine Freundin. Indem ich die allermeisten von deren Alltagsmöglichkeiten nicht teilen kann, empfinde ich die Kluft zwischen ihnen und mir besonders stark. Wie hat dies der große Gegenwartsphilosoph Micky Beisenherz so knackig ausgedrückt? »Mir ist schon klar, dass andere Leute ganz andere Sorgen haben – aber der Mensch empfindet das Elend nun einmal immer im Rahmen seiner Möglichkeiten.«

In dunklen Stunden habe ich das Gefühl, wie eine Ratte von den Abfällen der anderen leben zu müssen. Vorübergehend zwischen zwei Jobs ist so etwas vielleicht einmal auszuhalten. Doch das dauerhafte Gefühl außen vor zu sein, nicht mehr dazuzugehören, weniger wert zu sein, zu kurz zu kommen, im Mangel zu sein, nur immer das Abgelegte und Übriggebliebene zu verdienen, das macht etwas mit einem, wie es so schön auf Neudeutsch heißt. Langfristig macht ein solches Lebensgefühl krank an Körper, Geist und Seele, was durch eine wissenschaftliche Studie des Robert-Koch-Instituts belegt ist: Menschen mit einem Einkommen unter der Armutsgrenze haben demnach eine signifikant niedrigere Lebenswartung als Menschen mit einem höheren Einkommen. In der ersten Personengruppe ist auch eine Häufung chronischer Erkrankungen wie etwa Herz-Kreislauf-Erkrankungen, Diabetes, COPD, bestimmte Krebsarten und psychische Erkrankungen nachweisbar. Zynisch gesprochen bedeutet Armut im Zusammenspiel mit Krankheitsfolgen also auch eine eklatante volkswirtschaftliche Belastung.

Es macht natürlich einen Unterschied, ob ich mich dafür entscheide, bescheiden zu leben, oder ob ich das gezwungenermaßen tue inmitten all' derer, die dies nicht müssen. Bei allen Neidgefühlen, die mich gerne einmal anwehen, habe ich doch keine Träume von Luxus und sinnlosem, die Welt zerstörendem Prassen. Ich brauche keine drei Flugreisen im Jahr oder ein Auto hier in der

Stadt. Es geht mir nicht darum, auf der hohen Welle allgemeinen Konsumirrsinns mitsurfen zu können, sondern um eine vernünftige Basisversorgung, nicht mehr und nicht weniger.

Eine solche wäre, mit Verlaub, ebenfalls Ausdruck von Kultur und Zivilisation.

Gemischtwaren

Hinter den Tischen dieser Station sitzen auf zwei Kisten Rosemarie und Hedwig und machen bei einem Tee ein Päuschen. Ich mag die beiden alten Damen sehr gerne, sie sind immer lustig und freundlich und ich höre sie öfter bei der Arbeit singen. Beide gehören noch zu der bereits beschriebenen Kriegskindergeneration, sie wollen Lebensmittel vor der Verschwendung retten und ein gutes Christenwerk am bedürftigen Nächsten tun.

Gerade sprechen sie jedoch darüber, wie schön es wäre, wenn wie in den Jahren vor Corona die Kinder wieder hierher kommen könnten.

Dies waren von meiner Warte her keine Sternstunden für das Tafelprekariat und ich kriege beim Zuhören gelinde gesagt einen Vogel! Es packt mich jetzt die wilde Wut, denn ich habe diese Kinderbesuche immer gehasst. In unregelmäßigen Abständen kamen aus pädagogischen Gründen die Kinder der gut situierten Eltern aus dem Kiez mit ihrer Erzieherin zur Tafel. Sie waren angehalten, eine Spende mitzubringen und ich sah etwa eine Dose

Schältomaten der Marke »Ja« im Wert von wenigen Cent. Die Kinder sollten sich die Ausgabe anschauen und haben ein wenig mit aussortiert. Die meisten von uns fanden dies furchtbar und ich hatte Rosemarie auch schon gesagt, dass ich mir diese Geschichte mit den Kindern verbitten würde. Die ganzen lieben Christenmenschen dort hatten aber in dieser Hinsicht kein Verständnis.

Gut gemeint ist nicht gut, und haarscharf vorbei ist auch daneben, denn solche Aktionen sind sinnlos und überflüssig wie ein Kropf! Ich kann mich zudem nicht daran erinnern, dass wir bitteschön gefragt worden wären, ob wir diesen Kindern vorgeführt werden wollen. Tafelkollegin Elsa sagte immer, montags würden jene mit ihrer Betreuerin in den Zoo gehen und dienstags zur Tafel kommen, Arme gucken! Die Kinder standen dann da, wussten gar nicht genau, was sie hier sollten und starrten uns mit großen Augen an. Es war der Gipfel der Demütigung, von solch' kleinen Wesen als etwas Außerirdisches, nicht Dazugehöriges angestaunt zu werden. Und ich schiebe Gewaltfantasien gegen die Eltern, Erzieher und Tafelmitarbeiter, die diesen infantilen Sozialtourismus initiiert und befürwortet haben. Was wohl sollten die Kinder dabei lernen, außer dass der bestehende Graben zwischen Arm und Reich damit noch zementiert wird? Dass man dysfunktionale politische und gesellschaftliche Strukturen nicht zu hinterfragen und verändern braucht? Dass man sein schlechtes Gewissen mit einem unbedeutenden Almosen erleichtern kann? Dass Ablasshandel mit Billigkonserven funktioniert? Dass sie hier und da drüben die anderen sind und sie nichts mit denen gemein haben? Dass Armut Gott gegeben ist? Dass Arme auch Menschen sind? Wie zum Teufel soll ein Kind das Konzept der Tafeln erfassen können? Nicht einmal ich kann verstehen, warum es die Tafeln überhaupt geben muss!

Das Thema ist so komplex, dass sich ein VWL-Doktorandencolloquium daran die Zähne ausbeißen würde. Da kann man doch nicht mit der gesammelten Kita bei der Tafel aufmarschieren! Der Punkt ist ja, dass ich in dieser meiner unfairen Lebenssituation von der Gesellschaft sehr wohl gesehen werden möchte, nicht aber wie in einer Freakshow von Fünfjährigen besichtigt!

Wie war das gleich noch einmal mit der unantastbaren Würde? Ich schlucke meinen Ärger hinunter und inspiziere die bunt gefüllten Kisten vor mir.

Unter der Rubrik »Vermischtes« finden sich theoretisch Molkereiprodukte, Babynahrung, Konserven, selten eingeschweißte Wurst oder Käse, Mehl, Reis und Nudeln, Soßen, Gewürze oder Fertigprodukte und eben alles, was nicht in die anderen Warengruppen gehört. Praktisch ist die Ausbeute an dieser Station überwiegend mager. Heute bekomme ich zwei Eier und einen Fruchtjoghurt, der an eben diesem Tag abläuft. Meiner Erfahrung nach sind die meisten Lebensmittel aber über dieses Datum hinaus haltbar und noch gut zu genießen.

Nach Promotionkampagnen kann es gelegentlich riesige Mengen eines Produktes geben, das übrig geblieben ist. Ein Tafelgang bescherte mir an dieser Station einmal 120 (!!!) Stück einer Miniatur-Dauerwurst, die mir nicht nur nicht gut schmeckt, sondern mit der dicken Folienverpackung jedes kleinen Würstchens, das dann zudem noch aus einer Art eklig-glitschigem Wurstkondom geflutscht werden muss, eine veritable Öko-Sauerei ist. Laut Mindesthaltbarkeitsdatum sind die Dinger ungefähr bis zum Jüngsten Tag haltbar, so dass ich lieber nicht wissen möchte, was alles drin ist. Was tun mit dem Zeugs? Ich finde es keine Kunst, mit viel Geld, auserlesenen Zutaten aus ebensolchen Geschäften und mit Bocuse, Ottolenghi oder dem »Silberlöffel« toll zu kochen. Interessanter ist es doch, aus Vorhandenem zu improvisieren und etwas Feines zu zaubern! An dieser Stelle darf ich mich zurecht als Erfinderin des legendären Balkantopfes rühmen: Reichlich Zwiebeln, Knoblauch und klein gewürfelte Kartoffeln in Öl anschwitzen, nach einer Weile kleine Stücke der länglichen, hellgelben Spitzpaprika zufügen, die es oft im türkischen Supermarkt gibt, mit Wasser ablöschen, Tomatenmark einrühren, aufkochen lassen, bis das Gemüse gar ist und ein gerüttelt Maß der in Scheiben geschnittenen Bonsai-Salami dazugeben und nochmals etwas köcheln lassen. Mit Salz, Kümmel und viel sowohl scharfem als auch süßem Paprika würzen. Verwurstet ist die Wurst!

Mit Vorsicht zu genießen ist erfahrungsgemäß das häufig ausgegebene und am Tafeltag ablaufende Convenience Food, das zudem mit einer bedenklichen Plastikflut einhergeht: Fertigsalate und geschnittenes frisches Obst, Sushi-Trays, Sandwiches und Ähnliches. Die Sachen stellen sich zuhause häufig als nicht mehr genießbar heraus. Besonders das mit dem rohen Fisch geht dann gar nicht mehr.

Fleißige Hände

Anders als in der Zentrale auf dem Großmarkt sind in meiner Lebensmittelausgabestelle der Tafel alle Mitarbeiterinnen und Mitarbeiter Ehrenamtliche. Da die Ausgabe vormittags stattfindet, sind bis auf einige Freiberufler oder Hausfrauen und Hausmänner keine Berufstätigen dabei. Von den Corporate Volunteers habe ich hier noch niemanden gesehen, es steht diesen aber natürlich auch nicht auf die Stirn geschrieben, wer sie sind. Die Mitarbeitenden sind überwiegend Frauen, darunter vor allem Rentnerinnen. Eher vereinzelt sind auch Männer tätig. Letztere werden überall bei der Aktion »Laib und Seele« händeringend gesucht, um die großen Transporter zu fahren und diese zu be- und entladen. Viele Helfer entstammen den beiden an der Aktion teilnehmenden evangelischen und katholischen Kirchengemeinden in unserem Viertel und man kennt sich ohnehin vom Sehen.

Die Arbeit beginnt meist frühmorgens, wenn im Vorraum und im Kirchensaal die Tische aufgestellt werden müssen und die ersten Anlieferungen kommen. Die letzte trifft manchmal sogar erst ein, wenn die Ausgabe bereits begonnen hat. Dann sortieren die fleißigen Hände Abgelaufenes und Verdorbenes aus und entsorgen es in den Mülltonnen im Hof. Die Waren werden dabei nach Gruppen sortiert und an den dafür vorgesehenen Stationen des Warenparcours' aufgebaut. Einiges muss noch zerkleinert und umgepackt werden und es werden viele Kisten gestemmt und geschleppt. Dies alles ist mitunter schwere körperliche Arbeit, ganz zu schweigen von heiklen zwischenmenschlichen Situationen auch für die Mitarbeiter, wenn sie den Kunden die Lebensmittel ausgeben.

Es sind immer ungefähr zehn bis zwölf Mitarbeiter gleichzeitig anwesend. Da die Aufgaben sich mit dem Verbringen übriger Waren ins Lager sowie dem Aufräumen und Putzen bis in die frühen Nachmittagsstunden erstrecken, arbeiten die Freiwilligen teilweise in Schichten. Fast alle sind erkennbar an ihren Uniformen, die aus einem roten T-Shirt im Corporate Design von »LAIB und SEELE« bestehen, über dem eine Kittelschürze getragen wird.

Unter den Mitarbeitenden hier ist auch Manfred, ein Anwalt. Einmal im Monat bietet er eine kostenlose Rechtsberatung an, die stets großen Zuspruch findet. Denn die meisten der Bedürftigen haben juristische Probleme und sind heillos überfordert mit deren Bewältigung: Mietrecht und Wohnungsangelegenheiten, Schulden inklusive Bankenterror, Pfändungen und Räumungsklagen, Grauen erregende Familienrechtssachen, strafrechtliche Verfolgung meist kleinkrimineller Delinquenten, Streitigkeiten mit Ämtern und Krankenkassen inklusive hohem Bedarf an sozialrechtlicher Beratung. Oft ist anwaltliche Hilfe vonnöten, um überhaupt erst einmal den Schriftverkehr zu verstehen. Deshalb sind alle sehr dankbar für diesen juristischen Beratungsservice. Manfred ist sich aber auch nicht zu schade, nach der Mandantensprechstunde Kisten zu tragen und Lebensmittel an die Wartenden zu verteilen.

Das Ausgabeverhalten der Mitarbeiter ist sehr unterschiedlich. Natürlich müssen sie darauf achten, die Waren möglichst gleichmäßig aufzuteilen, so dass auch für die hohen Wartenummern noch etwas übrig bleibt, was aber kaum zu bewerkstelligen ist. Es ist beinahe unmöglich, die Mengen im Verhältnis zur Anzahl der Wartenden ganz gerecht einzuschätzen, auch wenn sich alle wirklich darum bemühen, denn man weiß ja nicht im Vorfeld, wie viele Personen tatsächlich in der Warteschlange stehen und welcher individuelle Bedarf besteht. Manche Tafelhelfer sind über die Maßen großzügig und verteilen mit lieben Worten und großer Geste ebensolche Mengen, so dass dann schon bei der Hälfte der Warteschlange die Kisten leer sind. Andere sind so wahnsinnig knauserig, als müssten sie die Lebensmittel aus ihrer Privatschatulle bezahlen. Eine Frau gab mir etwa aus einem Riesenberg von Karotten einmal eine einzige winzige Karotte und meinte, als Einzelperson würde mir nicht mehr zustehen.

Ein besonderes Exemplar im Mitarbeiterreigen war Karola, die während der Ausgabe keine Lust mehr auf den Job hatte, und auf die Straße hinauslief, um sich mit den Hardcorejungs zu verbrüdern. Mit denen hat sie erst einmal ordentlich einen durchgezogen und ein paar Bier klargemacht. So gestärkt konnte sie sich dann gegen Ende der Lebensmittelausgabe wieder an die Arbeit machen.

Auch einer rechten Kröte unter den Mitarbeitern bin ich einmal begegnet. Sie war mir vor unserer Kollision schon öfter unangenehm aufgefallen, als sie, während die Leute alle total genervt warteten und die Schlange nicht kürzer wurde, ewig im Hof stand, wo sie Hausfrauengespräche führte und ausländerfeindliche Reden schwang. Ich hatte vor einigen Jahren einmal das Pech, mit ihr den Warenparcours laufen zu müssen. Nach zwei Stunden Wartezeit gab es für mich nur noch zwei altbackene Schrippen vom Vortag, eine Zwiebel und einen angeschlagenen Apfel, wofür ich aber immerhin nicht mehr den obligatorischen Euro bezahlen musste. Da entfuhr mir ein enttäuscht-wütendes »Das kann ja wohl nicht wahr sein!«. Sofort fauchte die alte Schabracke mich an: *»Ach nee, ooch noch stänkern hier! Kannste froh sein, dass eene wie Du übbahaupt wat kricht, wa!«* Die dumme Strunzpunze wurde zum Glück alsbald expediert.

Doch fast alle Ehrenamtlichen habe ich als ungemein freundlich, hilfsbereit und zugewandt erlebt. Während man die Warenkisten abläuft, gibt es meist ein nettes Schwätzchen, Rezepte zu den Lebensmitteln werden ausgetauscht und es werden sich Geschichten aus dem Leben erzählt. Man kennt sich ja teilweise schon über viele Jahre! Mit meinem Tafelliebling Luise hat sich sogar eine regelrechte Freundschaft mit gegenseitigen Besuchen und gemeinsamen Ausflügen entwickelt.

Die Kunden duzen sich alle untereinander und wir duzen uns auch mit den meisten der Tafelmitarbeiter. Chefin und Managementgenie Britta hingegen achtet beflissen darauf, ihre Pappenheimer alle korrekt zu siezen, auch wenn sie selbst renitent angeduzt wird.

Es ist auch nicht schädlich, als Mitarbeiter bei der Tafel nach Möglichkeit ein dickes Fell zu haben, denn es ist neben der anstrengenden körperlichen Arbeit oft einiges auszuhalten: man wird beleidigt, angepöbelt oder sogar von Betrunkenen angegriffen. Und es steht ja kein gedungener Security-Schrank an der Tür, der entsprechend eingreifen und die zarten alten Damen verteidigen könnte. Da bedarf es des entschiedenen Auftretens von Britta, die solche Situationen ausschließlich mit ihrer Präsenz und diplomatischem Geschick zu lösen vermag, wofür ich ihr meinen höchsten Respekt zolle!

Ganz pfiffig sind die ehrenamtlichen Mitarbeiter, die selbst bedürftig sind und in der Lebensmittelausgabe mithelfen. Erst arbeiten sie beim Aussortieren und Aufbauen der Ware mit. Dann dürfen sie als erste, bevor die Wartenden von draußen gemäß ihrer Startnummern hereingelassen werden, den Warenparcours ablaufen und für sich selbst Lebensmittel nehmen. So können sie aus dem Vollen schöpfen, haben die freie Auswahl und bekommen auch auskömmlich Esswaren. Von dieser Möglichkeit machen aber nur sehr wenige der Tafelkunden Gebrauch.

Problematisch für den Tafelbetrieb ist immer mehr die dünne Personaldecke, denn aus den jüngeren Generationen wachsen kaum noch Mitarbeiter nach. Meine Nachbarin Magdalene erzählte mir kürzlich, sie hätte in ihrer Gymnastikgruppe eine Mitturnerin, die bei Tafelausgabe ehrenamtlich aktiv sei und beständig ihre Sportsfreundinnen für die Mitarbeit dort rekrutieren wolle. Alle diese Damen sind über 80.

Alt werden ist nichts für Feiglinge

Ich versuche jetzt schneller voranzukommen und zur nächsten Station zu gelangen. Die Tafelmitarbeiterin hinter dem Tisch rollt mit den Augen und wir verziehen beide das Gesicht vor Ekel, denn hinter mir kommt direkt die dicke Hertha. Sie hat keine Zähne mehr, fettige Haare, schmutzige und zerlumpte Kleider, löchrige Schuhe und eine schrille Stimme, mit der sie abwechselnd in ihre beiden Handys brüllt. Ihre Hose rutscht ihr immer über den Hintern herunter und zeigt einen Anblick, den man nicht sehen möchte. Das Schlimmste aber ist, dass sie inkontinent ist und sich weigert, ihre Windeln zu wechseln und sich zu waschen. Sie stinkt so entsetzlich, dass ich mit dem Brechreiz kämpfen muss. Offenbar wird sich in ihrem Leben nicht so um sie gekümmert, wie sie es bräuchte.

Hertha gehört zu der immer größer werdenden Gruppe alter und hinfälliger, armer Menschen, die zur Sicherung ihres Lebensunterhaltes auf die Tafel angewiesen sind. Sie quälen sich und ihre Malaisen nur mühsam und unter Schmerzen durch das Armutskarussell der Tafel.

Dunja etwa war Cheflektorin eines großen russischen Wissenschaftsverlages und ging einst mit Nobelpreisträgern aus aller Welt essen. Später folgte sie ihren Kindern nach Berlin, wo ihre Lebensleistung für eine Rente allerdings nicht anerkannt wurde. Ihre Kinder können sie finanziell nicht unterstützen, da sie selbst unter schwierigen Bedingungen arbeiten. Sie wurde krank und muss sich so jetzt allwöchentlich zur Almosenabholung schleppen.

Katharina hat arthrotische Knie und die lange Wartezeit ist im Grunde für sie unzumutbar. Immerhin hat nach vielen Jahren endlich jemand Sitzgelegenheiten in den Hof gestellt, damit zumindest einige der Wartenden nicht die ganze Zeit stehen müssen. Die alte Dame sinkt stöhnend und mit schmerzverzerrtem Gesicht auf eine Bank. Sie wäre eigentlich prädestiniert für eine G-Nummer und müsste gleich anfangs an der Reihe sein. Allein, sie hat nicht den Schwerbehindertenausweis mit dem richtigen Vermerk über eine Gehbehinderung, der dafür nötig wäre. Obwohl Katharina kaum noch gehen kann, hat das Versorgungsamt ihr angeblich nach klarer Aktenlage das G-Merkzeichen verweigert. Die Frau ist mit ihren gesundheitlichen Beeinträchtigungen gar nicht in der Lage, gegen diesen Verwaltungswahnsinn mit einem Widerspruch anzugehen. Ohne Angehörige, Nachbarn oder Freunde ist sie mit diesen administrativen Dingen völlig überfordert.

Manchmal nehme ich mein Strickzeug zur Überbrückung der langen Wartezeit mit, wofür es mir aber heute viel zu kalt war. Vorhin kam Anneliese mit ihren Stricksachen auf mich zu und brachte mir eine Strickvorlage mit, um die ich sie neulich gebeten hatte. Sie ist eine wahre Textilkünstlerin und fertigt feinste Ajour-Strickereien, die sie auf Märkten für Kunsthandwerk verkauft. Außerdem stellt sie sich, wenn es die Gesundheit zulässt, mit ihrem Spinnrad auf Mittelaltermärkte, um dort diese alte Handwerkstechnik vorzustellen und selbstgesponnene Wolle feilzubieten. Anneliese ist 75 Jahre alt und hat eine Ostbiografie. Früher war sie im Niedriglohnsektor als Helferin in der Landwirtschaft tätig. Deshalb reicht die niedrige Rente heute nicht zum Leben, weshalb sie jeden Dienstag mit ihren beiden Hunden und ihrem Strickzeug hierher kommt.

Wer das Konzept von Mindestlohn und Mindestrente in Deutschland ablehnt, der ist herzlich eingeladen, sich einmal die Armada der Alten bei der Tafel anzusehen.

Vom Wesen des Almosens

Das ganze Konzept der Tafel ist ja trotz des Umverteilungsprozederes eine Almosenkonstruktion. Der Begriff des Almosens leitet sich ab vom Altgriechischen »eleēmosýnē«, was so viel heißt wie »Mitleid, Mildtätigkeit, Erbarmen« und wird gemeinhin analog zu »milder Gabe« verwendet.

Das Empfangen von Almosen gehört jedoch nicht zu meinen Lieblingsbeschäftigungen! Für mich ist es sehr schambehaftet und es fühlt sich scheußlich an, dauerhaft arm zu sein und permanent dankbar sein zu müssen. Ich fühle mich dadurch klein und minderwertig, was mich wütend werden lässt!

Interessant bei dieser Geschichte mit den Almosen ist ja, dass in den meisten Kulturen und Religionen der wichtigste Aspekt des Almosens nicht die Bedürfnisse des Empfängers und die Beziehung zwischen Gebendem und Nehmendem sind, sondern die Vorteile, die der Geber dadurch hat: der Gewinn von Karmapunkten, ein Plätzchen im Paradies oder die gewogene Gnade eines sonst wütenden Gottes. Wer auf eine beschwerliche Pilgerreise ungewissen Ausgangs wie zum Beispiel auf den Jakobsweg geht, sollte klassischerweise für sein eigenes Seelenheil vorher Almosen geben.

Der Soziologe Stefan Selke, der mehrere Bücher zum Thema Almosensystem »Tafeln« verfasst hat, spricht in diesem Kontext von einer regelrechten Armutsökonomie. Er hat sich mit den Tafeln intensiv auseinandergesetzt und dort wallraffesk als Mitarbeiter einen Einblick in die praktische Arbeit erhalten, die er in seiner Sozialreportage »Fast ganz unten« analysierte. Dem Nürnberger »Straßenkreuzer« sagte er im August 2022: »Natürlich bekommen Menschen kurzfristig bei der Tafel Hilfe. Langfristig findet keine strukturelle Lösung statt. Denn der Handlungsdruck des Staates sinkt und es gibt keine nachhaltige Armutsbekämpfung. Vielmehr wird Symbolpolitik betrieben. Die armutsbetroffenen Menschen sind die Verlierer dieses Systems.«

Damit wir uns nicht missverstehen: Ich will hier kein generalisiertes Bashing der Tafelspender betreiben, die reinen Herzens und in wirklich bester Absicht geben, auch wenn ich dies nicht für den richtigen Weg halte. Für eine Grundversorgung von Bedürftigen kann und darf nicht eine private Initiative zuständig sein!

Das Almosensystem der Tafel bietet zudem leider auch eine wunderbare Bühne, um sich als »edler Spender« öffentlich zu profilieren und so Missbrauch mit der Armut von Millionen zu betreiben.

Besonders peinlich war in diesem Zusammenhang der Auftritt des bayrischen Ministerpräsidenten Markus Söder im November 2022, der mit lautem Getöse eine Spende des Freistaates für die Tafel verkündete, ein Bad in der Menge nahm und dabei der Tafelkundschaft verschrumpelte Gurken anreichte. Dabei lobte er die schwere Arbeit der Ehrenamtlichen unter Missachtung der Tatsache, dass diese nur deswegen bitter nötig ist, weil der Staat hier seine Aufgaben nicht wahrnimmt. Dies geschah genau zwei Tage, nachdem die Union im Bundesrat eine realistischere Ausrichtung des neuen Bürgergeldes verhinderte. Entsprechend nannte die Süddeutsche Zeitung am 17. November 2022 »Söders Tafelinszenierung [...] scheinheilig und zynisch.«

Nur zwei Tage später eine ähnliche Nummer mit großem Publikum und auskömmlich Presse: In der ZDF-Show »Wetten dass« verspricht der Sänger Herbert Grönemeyer als Wetteinsatz, für einen Monat die (für ihn auch steuerlich absetzbaren) Kosten der Berliner Tafel zu übernehmen. Als billiger PR-Gag wird das Ganze deshalb degoutant, weil das Hauptanliegen des Auftrittes in der Sendung die Promotion eines neuen Gutmenschenliedchens war. Hier möchte man Herrn Grönemeyer Jesus' Worte aus der Bergpredigt entgegenschleudern: »Wenn du also Almosen gibst, so lass' nicht vor Dir her trompeten, wie es die Heuchler in den Synagogen und in den Gassen machen, um von den Menschen gelobt zu werden. […] Du aber, wenn du Almosen gibst, dann soll deine Linke nicht wissen, was deine Rechte tut, damit dein Almosen im Verborgenen bleibe.«

Da halten wir es doch lieber wie im Wikipedia-Artikel zum Thema mit dem Schriftsteller Fjodor M. Dostojewski: »Almosen verderben die Seele des Gebers wie des Nehmers und verfehlen zu alledem ihren Zweck, denn sie verschlimmern die Armut.« Ganz genau, in einer funktionierenden Gesellschaft würde es keinerlei Almosen brauchen!

Unser täglich Brot gib uns heute

Diese klassische Gebetszeile aus dem christlichen Vaterunser bekommt im Zusammenhang mit der Armut in einem der reichsten Länder der Welt plötzlich wieder einen ganz besonderen Sinn. Denn das tägliche Brot ist für einige hier keinesfalls selbstverständlich.

In diesem Augenblick ist mir das Glück hold und ich erhalte in der Backwarenabteilung ein wirklich feines Kastenvollkornbrot in Bioqualität sowie einige Brötchen vom Vortag und ein köstliches Olivenciabatta, über das ich mich besonders freue.

Brot ist stets auskömmlich vorhanden und auch Massen von alten Brötchen, so dass selbst die Leute mit den Hunderter-Nummern nicht ganz leer ausgehen. Schrippen oder auch das Weißbrot werden besonders gerne genommen, weil viele Bedürftige im Rahmen der Regelversorgung der gesetzlichen Krankenkassen Probleme mit den Zähnen haben oder gar zahnlos sind, weil die Standard-Kassengebisse so schmerzen, dass man nicht mehr normal essen kann. Die weichen Backwaren lassen sich auch altbacken noch gut in den Kaffee stippen, denn natürlich ist nichts davon frisch. Oder die Weißmehlsachen lassen sich eben recyceln als Arme Ritter, im Hackbraten oder als Paniermehl. Und sie lassen sich aufschneiden, einfrieren und wieder aufbacken. Dank der von meiner Mutter gesponserten Kühl-Gefrier-Kombination ist mir dieses umfangreichere Brotmanagement erst möglich.

Neben all' dem Zeugs aus raffiniertem Weißmehl ist gutes Brot gar nicht so selten zu bekommen, denn zu den Spendern gehören auch Bioläden. Und das schicke Biobrot wird sowieso erst am zweiten Tag richtig gut.

Die Brötchen werden in riesigen Körben und Säcken angeliefert und die Tafelengel müssen sie in rasender Geschwindigkeit in Tüten zu je zwei Stück verpacken, damit es noch einigermaßen hygienisch zugeht und niemand in den Brötchenbergen herumwühlt.

Dieses Verpackungsmaterial kostet natürlich auch Geld, das die Tafeln aus verschiedenen Quellen aufbringen müssen. Viele Bedürftige maulen, dass wir überhaupt etwas bezahlen müssen. Dabei brauchen Zentrale und die einzelnen Ausgabestellen Verbrauchs- und Verpackungsmaterialien wie Kisten, Plastiktüten oder kleine Plastikschalen mit Deckeln, um die Waren gerecht verteilen zu können. In die Schälchen kommen beispielsweise zwei

Eier pro Haushalt hinein. Oft ist im Supermarkt ja nur ein Ei in einem Karton kaputt, der sich so nicht mehr verkaufen lässt. Die übrigen neun Eier werden dann hier in kleine Schalen transportfähig verpackt und verteilt. Und eine große Wassermelone zum Beispiel wird geviertelt und dann in Plastiktüten eingewickelt.

Spätestens an der Brotstation wird klar, warum die meisten hier mit einem kleinen Trolley zur Abholung der Lebensmittel kommen. Denn so ein Hackenporsche ist mit der Schrippentüte schon zu einem Drittel gefüllt.

Im Stadtbild lassen sich die Tafelausgabestellen übrigens gut anhand der langen Warteschlangen erkennen, in denen die ganzen Leute mit ihren Trolleys stehen. Sonst ist der Prekarianer im öffentlichen Raum ja kaum erkennbar, außer er ist sichtbar obdachlos geworden.

Für Obdachlose übrigens gibt es andere Hilfsstrukturen als die Tafel und sie zählen nicht zum Kreis der Anspruchsberechtigten – könnten sie einen etwaigen Anspruch doch noch nicht einmal durch irgendwelche Bescheinigungen in Form von Personalausweis oder Meldebescheinigung nachweisen! Und was sollte ein Wohnungsloser ohne Küche auch mit einem Päckchen Reis anfangen? Indes werden manche Suppenküchen und Obdachloseneinrichtungen von den Tafeln mit Waren beliefert.

Ungenügend

Die Lebensmittel aus der Tafelausgabestelle sind mengenmäßig oft nur ein Tropfen auf dem heißen Stein. Daher müssen die Bedürftigen ständig nach Möglichkeiten suchen, um ihre Grundversorgung über die unzureichenden Transferleistungen und Tafelspenden hinaus zu sichern und dabei sehr viel Kraft, Zeit und Findigkeit aufwenden.

Als scheinbare Ergänzung oder Alternative zur Tafel bietet sich der sogenannte »Berliner Engel für Bedürftige e.V.« an, der an mehreren Stellen der Stadt in Ladengeschäften »Ausgabestellen« für Kleidung, Lebensmittel und Hausrat unterhält und für sein »soziales Engagement« schon mit Preisen bedacht wurde. Das Wort »Ausgabe« erweckt den Eindruck, es gäbe diese Unterstützung als Spende. Doch halt, diese Einrichtung ist ein echter Schmerz im Arsch! Zwar arbeiten unter anderem Ehrenamtliche in diesem Verein, in dem sich auch Transferleistungsbezieher selbst einen Job geschaffen haben, wogegen erst einmal nichts einzuwenden ist. Die Gaben werden dort aber nicht etwa verschenkt! Für eine Weile bin ich dort hin, um zusätzlich Lebensmittel einzukaufen und die nette Karla hat für kleines Geld Essen verkauft. Nachdem diese Mitarbeiterin ersetzt wurde, weil sie die Lebensmittel zu günstig verkaufte, hatte ich dort eine unheimliche Begegnung der dritten Art, die die Krux dieser Einrichtung sehr gut illustriert. Ein winziger, angeschlagener Blumenübertopf sollte einen Euro kosten. Für zwei fast schwarze, kleine Bananen zum Backen wollte man 50 Cent von mir haben und die jeweilige Ware war noch nicht einmal ausgepreist. Auf meinen Einwand hin, ein Kilo frische Bananen gäbe es im Discounter mitunter schon für einen Euro, wurde ich nach meinem Berechtigungsausweis für den Laden gefragt. Als ich diesen zeigte, riss mir der Mann an der Kasse den Ausweis aus der Hand, zerfetzte ihn und schrie mich an, ich bräuchte nie wieder hierher zu kommen. Eine junge Frau hinter mir zischte mir angespannt zu, ich solle still sein, sonst bekämen wir überhaupt nichts mehr. Ich könnte ja bei Aldi einkaufen, wenn es mir dort besser gefiele. Vor lauter Angst, nicht genug zu bekommen, verflüchtigt sich also jegliche Solidarität. Zusammen hätten wir vielleicht eine Chance auf bessere Bedingungen hier gehabt. Dieser wenig engelhafte Verein bezeichnet sich selbst auf seiner Homepage als mildtätig. Es hat sich mir jedoch bis jetzt nicht erschlossen, worin genau die

Mildtätigkeit bestehen soll, wenn räudige Lebensmittel zu absurd hohen und vom jeweiligen Mitarbeiter völlig willkürlich und intransparent festgesetzten Preisen an die Allerärmsten auch noch verkauft statt verschenkt werden.

Gekrönt wird diese erbärmliche Veranstaltung durch ein Plakat im Schaufenster mit dem epikureischen Zitat, dass man reich sei »… mehr noch durch das, was man mit Würde zu entbehren weiß.«!!!

Viele Bedürftige gehen dennoch dorthin, weil die Tafelwaren eben nicht ausreichend sind. Außerdem werden in Läden dieser Art oft Kaffee und altbackener Kuchen vom Vortag für kleines Geld verkauft und der Ort fungiert als Treffpunkt: sozusagen ein Caféhaus der Holzklasse im Armengetto, denn einen Besuch in einem »normalen« Café in Gesellschaft »normaler Menschen« kann sich von den Betroffenen kaum jemand leisten. Teilhabe sieht anders aus. Außerdem gehen die Armen auch deshalb hin, weil es dort im Gegensatz zur Tafel Fleisch und Wurst gibt. Das hat vor allem mit lebensmittelpolizeilichen Vorschriften zu tun, denn für die Zwischenlagerung dieser empfindlichen Lebensmittel bedürfte es einer sachgerechten Kühlung, die die Tafelausgabestellen nicht haben. Ein eingeschweißtes Paar Wiener Würstchen am Rande des Haltbarkeitsdatums oder einige Scheiben in

Plastik verpackte Putenbrust oder verschiedene Käse als Brotbelag bietet meine Tafelfiliale von Zeit zu Zeit indes schon.

Die finanziellen Leistungen der Ämter sind zu viel zum Sterben und zu wenig zum Leben. Die Lebensmittel von der Tafel sind mengenmäßig nicht genug. Also versuchen manche auf unterschiedliche Art ihre Situation zu verbessern. Für die Bezieher dieser sogenannten Transferleistungen ist es manchmal unmöglich, das unzureichende Budget aufzustocken. Ein Hinzuverdienst ist zwar prinzipiell legal, das Amt zieht davon aber so viel ab, dass sich dies überhaupt nicht lohnt, vor allem beim Bezug vom Bürgergeld als Nachfolger der Grundsicherung.

Ein Anwalt hat mir einmal erklärt, bei ALG II jedoch hätte der Gesetzgeber damals höhere Hinzuverdienstgrenzen gesetzt, damit die Bezieher sich für eine anzustrebende Arbeitsstelle ordentlich kleiden können. Ich als Rentnerin mit voller Erwerbsminderung muss mich demnach also nicht mehr ordentlich kleiden können. Bei mir ist es so, dass ich wegen gesundheitlicher Beeinträchtigungen gar nicht in der Lage wäre zu arbeiten. Von einer Tafelkollegin weiß ich, dass sie ganz offiziell putzen geht bei den Besserverdienenden hier im Viertel, und von einer anderen, dass sie manchmal als Babysitterin arbeitet.

Manche von uns stehen in prekären Arbeitsverhältnissen und melden sich nur für einige Monate im Jahr beim Jobcenter oder beim Sozialamt. Ulli zum Beispiel jobbt den Sommer über als selbstständiger Rikschafahrer für Touristen und ist im Winter auf Unterstützung vom Amt angewiesen. Mit solchen Konstrukten geht natürlich immer eine ganze Flut von Papierkram einher.

Sehr hilfreich in jeder Hinsicht finde ich sämtliche Aktivitäten der sogenannten Foodsharing-Bewegung, die nicht nur Lebensmittel rettet, sondern auch für Bedürftige eine kostenfreie Bezugsquelle für Nahrungsmittel darstellt. Im Rahmen dieser Kampagne stellen Freiwillige im öffentlichen Raum oder auch in Nachbarschaftsläden und sozialen Einrichtungen sogenannte Fairteiler auf. Jede und jeder kann dort noch verzehrbare Lebensmittel hinbringen oder abholen. Die Ehrenamtlichen kümmern sich auch um die Reinigung dieser Verteilstellen und das gelegentliche Aussondern von Ware aus den Fairteilern. Fleisch, Verarbeitetes oder Abgelaufenes sowie Non-Food-Produkte dürfen dort nicht hinein. Eine Variante des Fairteilers sind die Freedges, also Kühlschränke an öffentlichen Plätzen für den kostenlosen Umschlag von Lebensmitteln. 2012 wurde die Plattform WWW.FOODSHARING.DE gegründet, die über eine virtuelle Karte die Adressen von Fairteilern auflistet und eine Lebensmittelbörse namens Essenskörbe unterhält. Nach Registrierung kann man darüber überschüssige Lebensmittel anbieten oder sich bei den Anbietern zur kostenlosen Abholung anmelden. Die Selbstverwaltung all' dieser Projekte geschieht unter Beteiligung aller in ehrenamtlicher Eigenregie. Diese basiert auf ethischen Vorgaben bezüglich einer Selbstverpflichtung zur Ehrlichkeit und zur Einhaltung von Hygieneregeln.

Viele dieser Konstrukte bewegen sich in rechtlichen Grauzonen oder sind sogar illegal. Das ist auch der Fall beim Containern, mit dem die junge Hanna aus meiner Ausgabestelle, versetzt mit einer Prise Abenteuer, ihre Lebensmittelvorräte aufstockt. Sie holt dabei abends, nachts oder am Wochenende die entsorgten Lebensmittel des Einzelhandels aus den Containern vor Ort. Da damit aber das oft abgeschlossene Privatgelände des Supermarktes betreten wird und auch die Abfälle noch als Eigentum des Entsorgenden gelten, drohen mitunter saftige Geldstrafen wegen Diebstahls, Sachbeschädigung und Hausfriedensbruchs. Die Praxis der Häuser ist diesbezüglich ganz unterschiedlich. Manche lassen sofort ihre Security anrücken und rufen die Polizei, obgleich der allgemeine Trend zur Entkriminalisierung des Containerns geht. Andere wie etwa eine Berliner Bio-Supermarktkette stellen nach Ladenschluss nicht Verkauftes und Verderbliches einfach zur freien Verfügung auf die Straße.

Ein Kuriosum ist die Internetseite MUNDRAUB.ORG. Auf dieser verzeichnet eine Karte sogar für das Berliner Stadtgebiet Stellen, an denen gratis Obst, Kräuter und Gemüse geerntet werden können. Ansonsten lohnt sich manchmal im Sommer ein Spaziergang durch die Schrebergärten, deren Besitzer überschüssiges Obst und Gemüse zur kostenlosen Mitnahme vor ihren Garten stellen. Auf diese Weise kam ich in der Kleingartenanlage unweit meiner Wohnung zu einem Körbchen Kirschen und später vier prächtigen Zucchini, und alles noch gekrönt vom Sahnehäubchen einer netten Unterhaltung über den Gartenzaun.

Mittlerweile poppen überall im Land sogenannte Lebensmittelrettergeschäfte auf. Diese sind für unsereins meist jedoch reine Augenwischerei, da dort fast ausschließlich exklusive Lebensmittel zu ebensolchen Preisen angeboten werden. Ein kleines Päckchen exotische Gewürzmischung kostet nun statt zehn nur noch fünf Euro und liegt damit immer noch weit über meinen Möglichkeiten und auch Notwendigkeiten. Gleiches gilt für die Restaurants, die über Foodsharingplattformen kurz vor Betriebsschluss Gerichte zum Mitnehmen anbieten, die dann eben statt 20 Euro Normalpreis am Ende des Tages noch 15

Euro kosten. Mittels der App TooGoodToGo können Betriebe überschüssige Lebensmittel zur kostenlosen und niedrigpreisigen Abholung anbieten.

Bei der Nutzung all' dieser Möglichkeiten steht für die Tafelkundschaft jedoch nicht die politisch und ethisch motivierte, ehrenvolle Rettung von Lebensmitteln im Vordergrund, wenngleich dies ein willkommener Nebeneffekt ist. Es ist schlicht die Not, die dies diktiert.

In den letzten Jahren hat sich die besondere Spezies der Pfandis entwickelt, die weggeworfene Pfandflaschen zu Geld machen und die man überall in der Stadt mit Stöcken in Papierkörben stochern sieht. Bei meiner Tafelwarterei habe ich einmal beobachten dürfen, wie der Streit um eine leere Bierflasche in einer Schlägerei eskaliert ist.

Hier sei mir ein kleiner Exkurs gestattet: Ich bin jetzt eine alte Schachtel. In meiner Jugend Maienblüte traf man allenfalls einmal Freitagnachmittag einen vereinzelten Bauarbeiter nach Feierabend mit einer Pulle Bier in der U-Bahn. Heute kann in Berlin kaum noch jemand einen Schritt von A nach B tun, ohne ein Getränk im Gehen zu konsumieren. Seit aber das öffentliche Saufen in der Stadt salonfähig geworden ist, sind die Straßen mit Pfandflaschen übersät. Entsprechend ist auch alles voller Glasscherben. Um dies zu vermeiden, haben sich die Berliner

Verkehrsbetriebe etwas Besonderes einfallen lassen und an den Fahrplanaufstellern der Haltestellen eine spezielle Vorrichtung montiert, an der die oral Verwahrlosten ihre Flaschen loswerden können, ohne die überall präsenten Scherbenhaufen zu produzieren.

In meinem Kiez fährt der sogenannte Party-Train, eine Straßenbahnlinie, die die Club-Hotspots der Stadt miteinander verbindet und in den Nächten des Wochenendes mit Feiernden überfüllt ist. Das Geschäft mit den Pfandflaschen boomt darin und an den dazugehörigen Haltestellen besonders und der Name der Pfandis ist hier Legion.

Bei mir im Park gibt es einen Mann, der das Pfandflaschenbusiness professionalisiert hat. Mit einem Einkaufswagen aus dem Supermarkt und einer Grubenlampe sondiert er nachts entsprechend das Terrain. Auch ich musste schon in ganz schlimmen Zeiten auf diese Form des Zubrotes zurückgreifen, bin aber nur in der Dunkelheit mit Mütze und Brille verkleidet los, damit mich niemand erkennt bei diesem peinlichen Treiben. Als mich einmal eine Nachbarin dabei gesehen hat, bin ich fast gestorben vor Scham und habe damit aufgehört. Diese tolle Nachbarin hat mir übrigens später Geld geschenkt, wie sie glaubte anonym, um mich nicht zu beschämen. God bless her!

Wunderbare Sparmöglichkeiten und Nachhaltigkeitsprojekte sind Community-Initiativen wie die von Nachbarschaftszentren unterhaltenen Repair Cafés und Offenen Werkstätten, wo kostenfrei und unter fachkundiger Anleitung Fahrräder oder Elektrokleingeräte gemeinsam repariert werden können.

Hausrat und Möbel gibt es sehr günstig und Second Hand in den sogenannten Sozialkaufhäusern, wobei hier nach meinem Empfinden schon allein der Name diskriminierend und abstoßend ist. In dieser Hinsicht waren die Berliner Stadtreinigungsbetriebe sehr originell, indem sie ihr Gebrauchtwarenkaufhaus mit noch gutem Mobiliar und Haushaltsgegenständen aus dem Sperrmüll »Nochmall« genannt haben.

Im Zusammenhang mit nicht ausreichender Lebensmittelversorgung ist übrigens zu erwähnen, dass die Tafel gar nicht ganzjährig arbeiten kann, sondern aus personellen Gründen in den großen Ferien mehrere Wochen schließen muss. Theoretisch könnten wir uns ersatzweise an die umliegenden Ausgabestellen wenden, und diese Ausweichmöglichkeiten sind gleichfalls nach Postleitzahlen organisiert. Aber entweder kommen dann so viele Menschen zusätzlich dorthin, dass es kaum noch etwas gibt. Oder aber diese andere Ausgabestelle hat vorsichtshalber gleichzeitig zu. Na ja, im Sommer muss man ja nicht unbedingt essen.

Willkommen in Absurdistan

Gegen Ende des Parcours findet sich ein buntes Sammelsurium an Waren, die meist keine Lebensmittel sind. Da warten etwa eine Fusselbürste oder eine Schachtel Teefilter. Ganz selten sind auch Spielsachen oder Putzmittel dabei. Heute sieht es aber mau hier aus und Tafelmitarbeiterin Olga weist bedauernd auf den fast leeren Behälter. Ich entscheide mich für ein Päckchen Desinfektionstücher, die man in diesen Zeiten wirklich gut brauchen kann.

Manchmal aber schenkt die Berliner Tafel auch höchst absurde und skurrile Gaben, die zumeist aus Werbeaktionen oder Sonderproduktionen stammen.

So bekam ich einmal eine große Einkaufstasche voller Ananas-Kaugummis (sic!), von denen ich zwar nicht satt wurde, mit denen ich mich aber aufs Trefflichste bei allen Kindern der Nachbarschaft und des Freundeskreises einkratzen konnte.

Ein anderes Mal gab es die Reste einer Sonderedition Nuss-Nugat-Creme, deren Behältnis anlässlich einer Fußballweltmeisterschaft zu fußballartigem Aussehen und ebensolcher Größe aufgeblasen war. Nachdem »wir« allerdings nicht Weltmeister geworden waren, ließen sich diese irgendwie obszön anmutenden Dinger nicht mehr verkaufen und wir bekamen sie. Ich hatte wochenlang Pickel vom Suchten …

Kürzlich kam ich in den Besitz mehrerer Packungen Blaubeersaft, den es so nicht zu kaufen gibt. Auf der Packung war wie eine medizinische Indikation groß lesbar vermerkt: »Gegen Flugmüdigkeit«. Wir haben uns alle gefragt, worum es sich dabei wohl handeln könnte. Etwa den Jetlag, mit dem die Tafelgänger von ihren häufigen Bahamasurlauben zurückkehren? Oder ist damit die Krankheit des Reiseüberdrusses beim internationalen Jetset gemeint: »Mein Gott! Schon wieder Davos–Paris–New York–St. Barth! Ich bin es müde! Ich bin es leid!« Wir werden die Antwort wohl nie erfahren.

Ein weiterer bizarrer Gegenstand wurde letzte Woche hier verteilt – ein Badezimmerdeodorant. Das ist ein ringförmiger Plastikgegenstand, der mit einer, ich muss es so sagen, widerlich stinkenden roten Flüssigkeit gefüllt ist. Dieses Unding muss man innen in die Klopapierrolle stecken, damit es dann von da heraus gut riechen soll. Riten fremder Völker?

Eine ganze Weile gab es hier körbeweise Körperpflegeprodukte wie Cremes, Duschgel, Kosmetika und ähnliches. Allerdings war das meiste davon bereits angebrochen und gebraucht. Die Sachen wurden vom Flughafen in Berlin abgeholt. Es handelte sich hierbei um zahllose Behältnisse, die den Sicherheitscheck für Handgepäck nicht bestanden hatten und ausgemustert wurden. Meine Vernunft gebot mir, solche nicht verderblichen Waren als Werte zu schätzen und mitzunehmen. Mein Gefühl allerdings ließ mich vor Ekel schreiend davonrennen, wenn ich eine bereits benutzte Shampooflasche annehmen sollte, an der im außen fest getrockneten Glibber noch die Haare fremder Menschen klebten. Hier bei der Tafel waren Leute, die entweder so bedürftig oder so jenseits von allem waren, dass sie sogar angefangene Deoroller mitgenommen haben.

Luxus

Damit sind mitnichten Hummer und Kaviar gemeint, sondern Alltägliches wie Kaffee, Tee und Süßigkeiten.

Kaffee ist ein seltenes und heiß begehrtes Gut im Warenreigen. Wenn beispielsweise fünf Päckchen davon für alle Spendenanwärter vorhanden sind, teilen die Helferhände diese in kleinere Portionen auf und füllen sie in Plastiktüten, um zumindest ansatzweise Gerechtigkeit walten zu lassen. So kommen mehr Menschen in den Genuss des Genussmittels und es gibt nicht wieder Streit. Einmal im Jahr spendet ein großer Discounter der Berliner Tafel mehrere Paletten Kaffee und selbst die hohen Wartenummern erhalten dann noch ein ganzes Päckchen, was einem Fest gleicht.

Was meistens vorhanden ist, sind altbackene süße Teilchen, die in Tüten verpackt verteilt werden. Kuchen ist schlecht zu transportieren, deshalb wird er hier nicht ausgegeben. Früher kam alle Jubeljahre eine Ladung Kuchen einer berühmten Berliner Delikatessenkette. Dieser Kuchen war vom Allerfeinsten – Zitronentartes, Petits

Fours, Mousse-au-Chocolat-Torte – und lediglich einen Tag alt. Zuhause Gebackenes bewahren wir ja auch über einige Tage auf und so war das überhaupt keine Sache. Die Tafelmitarbeiter brachten uns während der Wartezeit den Kuchen in den Hof und wir schleckten diese Leckereien direkt mit den Fingern weg. Bedauerlicherweise wurde das Verteilen von offenem Kuchen irgendwann aus lebensmittelhygienischen Gründen verboten.

Alljährlich zu Weihnachten und zu Ostern beschenkt uns die Tafel mit einer fertigen Süßigkeitentüte, von der auch wirklich für jeden eine vorhanden ist. Das ist eine liebe Geste. Hinsichtlich der absoluten Zuckermenge in Proportion zum jeweiligen Festanlass bräuchte es diese Präsenttüten aber gar nicht. Denn bei der Tafel geht Weihnachten zum Beispiel bis Ostern, da dort alle saisonalen Süßwaren landen, die bis zu den Feiertagen in den Läden nicht mehr verkauft werden konnten. Bis weit ins Frühjahr hinein gibt es demgemäß Nikoläuse und Dominosteine und einmal wurden mir im Februar drei Christstollen zuteil.

Ansonsten ist Süßes in der Regel in ausreichender Menge im Angebot. Viele der Tafelgänger helfen den Mitarbeitern beim Hereintragen der schweren Kartons und Kisten. Dabei werden von gierigen Naschkatzen unter den

Wartenden schon einmal die Schokoriegel geklaut, bevor sie überhaupt an ihrem Bestimmungsort ankommen.

Apropos Schokolade: Letzten Sommer habe ich einmal eine verdorbene Tafel Schokolade bekommen, die schon zwei Jahre vorher abgelaufen war. Herzlichen Dank dem edlen Spender! Ich habe geheult vor Demütigung. Dies war aber eine schändliche Ausnahme, die die Regel bestätigt, dass die Helfer alles akribisch auf Haltbarkeit überprüfen und Abgelaufenes und Verdorbenes gewissenhaft aussondern.

Ich bin überzeugt, dass ich heute mit meiner guten Vierzigernummer etwas Luxus abgreifen kann, und werde sehr enttäuscht. Denn als ich an die Reihe komme, ist schon alles leer! Gerade will ich etwas weinerlich und selbstmitleidig werden, als ich durch einen Tumult in den hinteren Rängen abgelenkt werde.

Der Sheriff randaliert. Ich nenne diesen Mann bei mir so, weil er immer einen Cowboyhut trägt. Nüchtern ist er ein netter, zuvorkommender und hilfsbereiter Mann. Er ist aber leider fast nie nüchtern. Heute ist sein rotes Gesicht geschwollen, die Schweinsäuglein blitzen angriffslustig hinter der Brille und der imposante rotblonde, gezwirbelte Bart zittert. Aus allen Poren dünstet er Alkohol und Aggression. Es passt ihm nicht, dass von seinen Lieblingsschrippen nichts mehr da ist und dem wird lautstark Ausdruck verliehen. Britta reagiert sofort und kommt hinter ihrem Empfangstisch hervorgeschossen. Sie versucht erst freundlich zu beschwichtigen, dann wird auch sie laut und resolut. Sie wirft den Sheriff mit Hilfe eines starken Mannes aus unseren Reihen vor die Tür und ruft ihm nach, dass er gerne wiederkommen dürfe, wenn er nicht getrunken hat. Der Sheriff trollt sich. Dreimal im Jahr hat er seinen großen Auftritt, wenn er besonders viel getankt hat. Er kommt dann mit seinem Handwagen an, der schwer beladen ist: ein Haufen Müll und Unrat, darauf steht ein Stuhl, an dem ein aufgespannter Sonnenschirm mit einer Eiscremewerbung befestigt ist. Auf dem Stuhl steht ein Gettoblaster, aus dem in ohrenbetäubender Lautstärke Marschmusik schallt. Diese ganze Pracht ist noch mit einer Blumengirlande dekoriert. Ich bin so beeindruckt von einem derartigen Gestaltungswillen, dass ich es nicht übers Herz bringe, genervt zu sein.

Coronade

Die Corona-Pandemie hat auch für die Organisatoren, Mitarbeiter und Kunden der Tafel das Unterste zuoberst gekehrt.

Die Ausgabestellen schlossen gleich zu Beginn der Corona-Krise, als klar wurde, dass die meisten Mitarbeiter per Alter zur Risikogruppe für eine Erkrankung mit schwerem Verlauf zählten. Und es war unglaublich, wie blitzschnell umorganisiert wurde hier in Berlin: die Waren kamen nicht mehr direkt an die Ausgabestellen, sondern alle zentral in die von der Tafel gemietete Halle am Großmarkt. Im großen Stil wurde ein Heer neuer Helfer rekrutiert, zum Beispiel Leute in Homeoffice oder Kurzarbeit. Diese packten fertig konfektionierte Papiertüten, die dann per ausgeklügelter Logistik zu den Ausgabestellen beziehungsweise sogar den Endkunden gebracht wurden. Ich hatte mich vorab auf der Homepage der Tafel informieren können über das neue Prozedere und meldete mich bei meiner Ersatzausgabestelle an, um eine solche Tüte zu bekommen. Statt der Rentner arbeiteten nun Schüler und Studenten als Freiwillige. Durch pandemiebedingtes Homeschooling und Distanzlehre konnten diese jetzt ihren Tag zeitlich flexibler gestalten und sich so als Umpacker, Fahrer und Zusteller engagieren: Die fertigen Tüten wurden den Kunden nach Hause gebracht und kontaktlos in meinem Fall von Peter, einem Schüler bei mir aus dem Viertel, vor meine Wohnungstür gestellt. Ich hatte vorher einen Umschlag mit dem obligatorischen Euro darin an die Tür geklebt, der dann mit zurück zur Ausgabestelle genommen wurde. Innerhalb kürzester Zeit hatte also ein Organisationsgenie einen Plan für die besondere Situation entwickelt, was mich wirklich tief beeindruckt hat!

Die Pandemie wirkte sich allerdings auch massiv auf das Warenangebot der Tafel aus, weil Hamsterkäufe und Unterbrechungen in den Lieferketten die Supermarktspenden für die Tafel empfindlich dezimiert hatten. Folglich bekam ich sechs Wochen lang von Peter je eine riesige Tüte ausschließlich mit übrig gebliebenen Ostersüßigkeiten und mehreren Packungen russischer Mayonnaise, die wohl der downgelockten Gastronomie entstammte. Kein Brot, kein Obst, kein Gemüse …

Nach dem ersten Lockdown und der Schließzeit öffneten die Tafeln relativ schnell wieder ihre Pforten unter Einhaltung der neuen Hygienevorschriften. Die ganz spezielle Kundschaft jedoch war aus verschiedenen Gründen kaum willens oder fähig, die damals erlassenen einfachen AHA-Regeln mit Abstand, Händewaschen und Alltagsmaske einzuhalten. Die ganzen Örtlichkeiten mussten umorganisiert werden, was viele Vorteile für uns brachte. Nachdem wir uns jahrelang bei Regen, Schnee und heftiger Sonne beim Warten nicht einmal unterstellen konnten, kam jetzt endlich jemand auf die Idee, mehrere Zeltpavillons für die Warteschlange im Hof aufzustellen, damit sich die Situation entzerren und sich vor der Rezeption keine dicht gedrängten Ansammlungen bilden konnten. Im kleinen Kirchenvorraum war der gebotene Mindestabstand nicht mehr einhaltbar und außerdem mussten die Türen zur Durchlüftung bei diesen Menschenmassen offenbleiben können. Also wurde die Rezeption vom Kirchenvorraum zwischen zwei Türrahmen am Eingang verlegt. Die eigentliche Ausgabe fand danach im großen Kirchensaal statt, den wir vorher nicht betreten durften. Damit verbesserte sich die Lage glücklicherweise etwas, die Einhaltung eines Mindestabstandes war dennoch nicht realisierbar bei so vielen Menschen auf einem Haufen.

Im Zuge der Pandemie hatte ich eine schwere Angststörung entwickelt, so dass ich den Weg zur Tafel nicht mehr bewältigen konnte. Ich hatte Mühe, das Haus zu verlassen und die vorher schon schwierige chaotische Enge der Wartesituation bei der Tafel wurde für mich unerträglich: Sie bewirkte Panikattacken vom Allerfeinsten. So war ich gezwungen, teure Lebensmittel im allernächsten Supermarkt zu kaufen. Heute kann ich nur noch in Begleitung zur Tafel kommen oder in den seltenen Momenten, wenn es mir gut geht.

Dass durch die Corona-Pandemie die gesellschaftliche Schere noch weiter auseinanderklaffte und die Reichen immer reicher und die Armen immer ärmer wurden, kann ich nur bestätigen. Denn als die Tafel zu Beginn der Pandemie schloss, geriet der Einkauf von Lebensmitteln im Supermarkt zu einem Abenteuer ungewissen Ausgangs und das sowieso schon wenige Geld reichte erst recht nicht mehr aus. Durch den Mangel an manchen Lebensmitteln gab es viele günstige Waren wie etwa Öl nicht mehr, die sonst auf meinem Zettel standen. Ich musste das kaufen, was noch in den Regalen lag, so eben auch die vielfach teureren Lebensmittel. Wenn es das Billigmehl für 49 Cent nicht mehr gab, musste ich das für 2,39 Euro kaufen oder gar in ein teureres Geschäft gehen. Das summierte sich, und Schwupps waren es plötzlich 100 Euro mehr im Monat. Wenn einem nur knapp 100 Euro zur Verfügung stehen, versteht selbst der Dümmste, dass das nicht reichen kann. Ich habe mir in dieser Zeit Geld geliehen für den Einkauf, bekam auch Sachen von lieben Freunden und Nachbarn geschenkt oder sogar Care-Pakete von meiner Familie. Damit gehörte ich aber zu den Superprivilegierten, denn ich weiß, dass die meisten meiner Tafelkollegen diese Möglichkeiten nicht hatten.

Schnell reagierte ja die Regierung zu Beginn der Pandemie und es gab sofort Rettungsschirme für Airlines und man sorgte sich um die intensiv systemrelevante Fußballwelt. Und auch schon schlappe anderthalb Jahre nach Pandemiebeginn dachten die staatlichen Stellen rückwirkend mit einer Pauschalzahlung von 150 Euro an die Ärmsten: eine Kompensation für die immensen Mehrkosten aus der Corona-Zeit. Das war nicht einmal für einen hohlen Zahn, kamen doch zu den astronomisch hohen Lebensmittelmehrkosten noch Kollateralkosten für Desinfektionsmittel und Masken hinzu. Ich erinnere die Zeit, als in der Apotheke eine einzelne Maske neun Euro kostete, mithin ein wesentlicher Teil meines Lebensmittelbudgets für die Woche!

Erst nach vielen Monaten nahm sich der Berliner Senat der Sache mit den Masken an und die Bezirksämter stellten kostenlose Masken für bedürftige Empfänger sogenannter Transferleistungen zur Verfügung. Die dichten Warteschlangen waren ein hübscher Panik- und Pandemiebooster. Das Beste aber war, dass längst schon überall die guten FFP2-Masken Pflicht waren, an die übrig gebliebenen Menschen jedoch nur die übrig gebliebenen flatterigen OP-Masken zweifelhafter Wirksamkeit ausgegeben wurden. Manche sind bekanntlich gleicher …

Notabene: Im Zuge der Corona-Impfkampagne hatte die Berliner Tafel gemeinsam mit dem Senat ein sehr niedrigschwelliges Impfangebot für die Tafelkunden organisiert und so konnten im Herbst und Winter 2021 neun der Tafelausgabestellen von Impfbussen angesteuert werden.

Bäumchen wechsel dich

Jede Tafelausgabestelle hat seit Jahren ihr Stammpublikum. Dennoch gibt es eine starke Fluktuation unter den Kunden.

Besonders erfreulich sind die Ausnahmemomente, wenn es jemandem besser geht und er oder sie nicht mehr zur Tafel gehen muss, sondern seinen Lebensunterhalt selbstständig bestreiten kann. So kam zum Beispiel länger eine alleinerziehende Mutter in ihren späten Dreißigern, die noch einmal eine Ausbildung als Heilpraktikerin machte, deshalb nicht arbeiten konnte und nicht genügend Geld für Essen hatte. Als sie sich in ihrem neuen Beruf etablieren konnte, war sie nicht mehr auf Lebensmittelspenden angewiesen. Oder auch meine Tafelbekannte Sina, die ihre Situation nicht mehr hinnehmen wollte und konnte und dann weit unter ihrer Qualifikation als Warenverräumerin in einer Drogeriemarktkette anfing, nur um nicht mehr zur Tafel gehen zu müssen. Besonders berührt und beeindruckt hat mich die Geschichte von Anna, die während ihres Architekturstudiums ein Kind bekam, dann einen Burn-out hatte, nicht weiter studieren konnte und für lange Zeit in die Armut abrutschte. Mit Mitte Vierzig hat sie dann noch einmal Anlauf genommen und ihr Studium erfolgreich abgeschlossen. Sie spezialisierte sich auf nachhaltiges Bauen und hat damit tatsächlich sofort einen Job gefunden. Tafel ade!

Die alten Leute verschwinden von der Bildfläche, weil sie ins Heim gehen oder sterben. Wenn man die Jüngeren nicht mehr bei der Tafel sieht, sind die Gründe dafür überwiegend traurig: Ich habe in meinen Jahren dort schon so einige steile Suchtkarrieren mit tiefen Abstürzen gesehen. Viele schaffen den Tafelgang aber auch aus gesundheitlichen Gründen nicht mehr. Mein geschätzter Tafelfreund Ken ist ein begnadeter Schneider, leider schon lange arbeitslos und deshalb Tafelkunde. Er muss aber mittlerweile wegbleiben, weil ihm die psychischen und körperlichen Widerstandskräfte gegen das ganze Elend, den Siff, die Anstrengungen, die Aggression und das Chaos fehlten, wie er sagt.

Vor allem durch Corona gab es in der jüngsten Vergangenheit einen tiefgreifenden Wandel innerhalb der Nutzerklientel. Tafelgründerin Sabine Werth legte am 19. Juli 2022 in einem Tagesspiegel-Interview dar, wie zunehmend Angehörige der bröckelnden Mittelschicht zur Tafel gehen müssen, weil sie durch die Arbeitsweltverwerfungen der Pandemie ihren Job verloren haben.

Was die Anzahl der Tafelkunden anbelangt, so droht mit den komplexen Folgen von Corona-Pandemie, Ukrainekrieg, Klimawandel, steigender Inflation und Energiekrise in Deutschland das Heer der Bedürftigen immer größer zu werden. Schon jetzt ist laut obigem Zeitungsartikel eine Steigerung des Kundenaufkommens um 100 Prozent bei vielen der Berliner Tafel-Ausgabestellen zu verzeichnen.

Mehr ist weniger

Die größten Umwälzungen in der Zusammensetzung der Tafelkundschaft vollzogen sich freilich mit den beiden großen Flüchtlingswellen 2015 als Folge des Syrienkrieges und 2022 als Folge des Ukrainekrieges.

Teilweise standen mehr als 200 Menschen schlagartig an meiner für höchstens 100 Bedürftige ausgelegten Ausgabestelle und entsprechend reichten nicht nur die Wartenummern, sondern auch die Lebensmittel nicht mehr aus. In diesen jeweils ersten Wochen dauerte alles noch länger, weil ja alle Neuankömmlinge erst mit ihren Berechtigungsnachweisen einchecken mussten und dabei sehr hohe Sprachbarrieren und organisatorische Schwierigkeiten zu überwinden waren.

Immer wieder kam es zu Scharmützeln unter den Wartenden. Die Stimmung war eines schönen Dienstags schon sehr angespannt und es ging einfach nicht voran mit der Ausgabe, als plötzlich zwei Frauen durchdrehten. Sie hakten sich unter, bildeten einen Sturmtrupp und skandierten mit sich überschlagenden Stimmen

»Die Deutschen zuerst, Ausländer raus!« Dabei mähten diese Herren- beziehungsweise Damenmenschen unter Ellbogeneinsatz und Fußtritten alles an Menschen und Dingen nieder, was ihnen im Weg stand – unter anderem eine alte Damen mit ihrem Rollator – und eroberten den Kirchenvorraum, wo sie von Britta beschwichtigt werden konnten und sich von Ordner Mario wieder in den Hof bugsieren ließen. Vor allem aber die Männer aller Nationalitäten inklusive der deutschen zettelten draußen auf der Straße und unbemerkt von den Tafelmitarbeitern mehrfach gewalttätige Auseinandersetzungen an. Einmal gab es sogar eine Messerstecherei, die glücklicherweise keine schlimmeren Verletzungen mit sich brachte.

Auch unter den bösen Neuankömmlingen fielen solche auf, die sich auf unlautere Weise bei der Tafel Vorteile zu verschaffen trachteten, denn nicht nur die guten Deutschen praktizierten die Idee mit dem Nummernschwindel. Ein Mann versuchte in der allgemeinen Atmosphäre von Unruhe und Durcheinander bei der Rezeption eine zweite, niedrigere Wartenummer zu erschleichen. Dazu drehte er seine Jacke auf links und setzte eine Sonnenbrille, ein Baseball-Cap und ein gewinnendes Lächeln auf. Doch die abgeklärte Britta sagte nur freundlich zu dem Mann: »Sie haben schon eine Nummer bekommen.«

Wegen des Syrienkrieges waren wir darauf eingestellt, dass vor allem syrische Geflüchtete die Hilfe der Tafel in Anspruch nehmen würden, was auch der Fall war. Aber seltsamerweise kamen zeitgleich für einige Monate jeden Dienstag ungefähr 50 Kosovo-Albaner zur Ausgabestelle, die dann urplötzlich alle wieder verschwunden waren. Solche Verschiebungen von »Menschenkontingenten« nach merkwürdigen Kriterien konnte ich noch nie nachvollziehen.

In unserem kleinen Hof hier konzentrieren sich erschütternde Flüchtlingsschicksale. Während der Wartezeit habe ich mich mit einer jungen afghanischen Familie angefreundet und deren Geschichte erfahren: Nachdem der *Islamische Staat* Kihans Vater ermordet hatte, war das Paar mit seiner einjährigen Tochter aus Kundus geflüchtet und brauchte zu Fuß und mit dem Bus vier Monate in die Türkei. Von dort gelangte es mit dem Schlauchboot nach Griechenland. Als ich Kihan und Sana mit ihren mittlerweile zwei Kindern zuhause besuchte, habe ich das erste Mal eine Flüchtlingsunterkunft von innen gesehen, was mich nicht froh machte. Zehn Familien teilten sich auf einer Etage eine Küche mit jeweils zwei Herden und zwei Spülbecken sowie ein Bad mit zwei Duschen und zwei Toiletten und im Zimmer rutschten die fleckigen Raufasertapeten von den Wänden. Doch erhielt ich auch faszinierende Einblicke in eine mir bis dato fremde Kultur und durfte den Freunden im Gegenzug etwas von meiner Welt zeigen. So wurde ich etwa zu Festen eingeladen, hörte die Familie Farsi miteinander sprechen, tanzte zu Musik aus Afghanistan und durfte mich an Sanas köstlichen Speisen laben. Wir machten zusammen einen Ausflug über den Berliner Weihnachtsmarkt, gingen gemeinsam auf Wohnungssuche und feierten bei mir eine Homemade-Pasta-Orgie.

Maria kenne ich sonst als sehr umgänglichen Menschen, jetzt wiederholte sie mehrmals aufgeregt und gereizt: »Man muss doch zuerst die eigenen Leute versorgen, wie soll das denn alles gehen mit denen!« Sie wirkte weniger feindselig und aggressiv angesichts der unübersichtlichen Situation als vielmehr hilflos, ängstlich und überfordert. Es entspann sich ein Streitgespräch zwischen ihr und der pragmatischen, lieben Heike darüber, wie mit dem Ansturm an Geflüchteten umzugehen wäre. »Egal, wo jemand herkommt, er muss ja auch essen«, entgegnete Heike. Ich hatte gesehen, wie sie einen vielleicht fünfzehnjährigen syrischen Jungen unter ihre Fittiche nahm, der allein von seiner Familie zur Tafel vorgeschickt worden war und nun völlig orientierungslos inmitten des ganzen Chaos stand. Sie brachte ihn zu Britta und die beiden fanden trotz massiver Verständigungsschwierigkeiten für diesen Tag eine Lösung.

Es lässt sich hier sozusagen am lebenden Objekt begreifen, wie aus der Angst und der Erfahrung, zu kurz zu kommen und keine ausreichende Lebensgrundlage zu haben, Unmut und rassistische Ressentiments entstehen. Unsere Tafelausgabestelle stellt also ein anschauliches Praxisseminar auf dem Weg zu einer Promotion in Soziologie oder Psychologie dar. Man versteht allerdings auch ohne wissenschaftliches Studium, wie sich aus einem Gefühl der Benachteiligung sehr schnell Ausgrenzung, Ausländerfeindlichkeit und Begeisterung für grausige rechte Ideen entwickeln können.

Bizarre Blüten des Tafelalltags: Es kommen immer zwei türkische Schwestern in unser beschauliches Prekariatspanoptikum, die sich den Neid aller zuziehen, da sie aus unbekannten Gründen eine Bevorzugung genießen und immer gleich am Anfang dran sind. Beide lächeln zwar immer sehr freundlich, sprechen aber nur gebrochen Deutsch und konnten mir nur mit Mühe erzählen, dass sie schon seit vielen Jahren in Deutschland leben. Auf dem Höhepunkt der Konflikte zwischen den Geflüchteten und den alteingesessenen Tafelgängern 2015 zeigte eine der beiden verächtlich auf einige der damals »Neuen«, eine syrische Großfamilie, und flüsterte mir kaum verständlich und sehr empört zu: »Viel Ausländer nix gut da!«

Aus der Situation von 2015 haben die Tafel-Organisatoren gelernt und sich 2022 entsprechend auf die Geflüchteten aus der Ukraine eingestellt. Auf der Homepage der Berliner Tafel e.V. stehen nun Informationen auf Ukrainisch in kyrillischer Schrift und an der Rezeption meiner Ausgabestelle sitzt neben Britta jetzt immer Maksym. Der Deutsch-Ukrainer übersetzt für seine Landsleute und erklärt ihnen nicht nur das Prozedere bei der Tafel, sondern zeigt ihnen auch darüber hinausgehende Hilfsangebote für die Alltagsbewältigung im neuen Land auf.

Schräg wurde es, als die alteingesessenen Kunden Vergleiche zwischen syrischen und ukrainischen Geflüchteten zogen und sozusagen Punkte für das angenehmere Flüchtlingssein vergaben.

Wie überall auf der Welt versucht nur jeder hier seine Pfründe zu sichern und das Wenige, was es gibt, zu verteidigen. Irgendwann kam irgendein offenbar unterdurchschnittlich intelligenter Mensch auf die Idee, dass nicht die Wohlhabenden mit den Flüchtlingen teilen sollten, sondern die, die selbst am allerwenigsten haben und die Geflüchteten wurden zur Tafel geschickt. Die Rechnung war einfach: mehr Kunden, weniger Lebensmittel! Damit waren die Probleme, wie sie 2015/16 von der Essener Tafel bekannt wurden und durch die Medien gingen, vorprogrammiert. Selbstverständlich konnte es nicht angehen, und es war diskriminierend, die Tafeln nur für Geflüchtete zu schließen, doch wird hieran das Ausmaß der Hilflosigkeit der überstrapazierten Tafeln ablesbar. Schuld an der ganzen Misere waren weder die Flüchtlinge noch die anderen Tafelgänger oder gar -mitarbeiter, sondern eine versagende Politik. Deshalb wiederholte sich der bekannte Wahnsinn bei der Versorgung der ukrainischen Flüchtlinge und die Gesamtauswirkungen auf die Tafeln sind fatal.

Ein besonderer Irrwitz als Ausdruck der verzweifelten Lage der Tafeln sind die drei geheimen Popup-Ausgabestellen, zu denen unter der Verpflichtung zur Verschwiegenheit die Kunden geschickt werden, die wegen Überlastung ihrer Stammausgabestelle überhaupt nichts mehr bekommen haben. Die beiden benachbarten Ausgabestellen mussten bereits für Neukunden schließen und nehmen keine Bedürftigen mehr an. Hierüber wird deutlich, dass die Grenze der Belastbarkeit des Tafel-Konzeptes weit überschritten ist. Die Tafelkrise zeigt quasi wie unter einem Brennglas die drängenden Probleme bei der Grundversorgung großer Bevölkerungsteile auf und macht klar, dass schnell eine Lösung von staatlicher Seite kommen muss.

Dem NDR gegenüber sagte im Mai 2022 eine Mitarbeiterin der Helmstedter Tafel, die wegen Überlastung bei nun fast verdoppeltem Kundenaufkommen, Streit und aggressiver Stimmung ihre Arbeit zeitweise ganz aufgeben musste: »Die Menschen stehen vor uns, und wir haben nichts, was wir ihnen geben können. Einen Apfel kann man nun einmal nicht durch zehn Kunden teilen.«

Erst kommt das Fressen

Dann kommt die Moral nach den Lebensmitteln in Form von Büchern. Neuwertige und gebrauchte Literatur unbekannter Provenienz wird uns ein- bis zweimal pro Jahr in großen Kartons angeboten. Bisweilen sind höchst bizarre Titel darunter. So gab es neulich einen Bildband über die Stadt Duisburg – ich fürchte, dass hier selbst Pfeffer, Salz und eine gute Soße nichts mehr ausrichten können! Aber ich habe schon einige gute Krimis und einen schönen, mehrbändigen »Mann ohne Eigenschaften« von Robert Musil ergattern können. Als uns zehn Exemplare eines juristischen Kommentars zur EU-Gesetzgebung hingestellt wurden, habe ich als einzige beherzt zugegriffen. Diese hoch spezialisierten Fachbücher konnte ich später im Internet für gutes Geld verkaufen.

An diesem Tafeltag gibt es aber keine Gaben aus dieser Abteilung.

Zum Schluss der Veranstaltung wird die Moral der Truppen fast jede Woche durch die Gabe von Blumen gestärkt, was besonders zur Tulpensaison eine wahre

Freude ist. Zumindest die besseren Startnummern erhalten Schnittblumen in unterschiedlichen Stadien der Verwesung und die Brauchbarkeit der Sträuße ist wirklich Glückssache. Bei einem Bund schöner gelb-rosa Teerosen ist vielleicht nur eine einzige Blüte abgeknickt und die restlichen erfreuen für den Verlauf einer ganzen Woche. Doch manche Sträuße können gar nicht erst mitgenommen werden, so traurig lässt die kompostreife Flora die Köpfe und Blätter hängen.

Ebenso verhält es sich mit Topfpflanzen. Diese können ganz garstig aussehen und landen zuhause sofort im Müll, weil dies im Schummerlicht des Kirchenvorraums nicht erkennbar war. Aber ich bekam auch schon eine scheinbar verrottete Hortensie mit nur noch einer geschlossenen Blüte, die sich bei mir auf dem Balkon nach Schneiden, Gießen und Düngen zu einem prachtvollen Exemplar ihrer Gattung entwickelt hat. Saisonware wie Grabgestecke und Tannengrün landet ebenfalls manchmal bei der Tafel, ist aber zumeist ein Fall für die Tonne.

Vor allem die Damen sind heiß auf die Blumen, aber auch einige Herren nehmen die Blumen gerne mit, um einmal Rosenkavalier sein zu können. Ich hatte zeitweise eine richtige Pechsträhne mit ausschließlich hohen Nummern, so dass anfangs schon klar war, dass für mich an diesen Tagen keine Blumen mehr übrig bleiben würden.

Der liebenswürdige Barney hat dies mitbekommen. Mit seiner guten G-Nummer hat er sozusagen ein Abonnement auf Blumen und lässt sich am Ende seiner Runde stets ein Bukett geben, obwohl er sich selbst überhaupt nichts daraus macht. Jetzt ist er in der wunderbaren und für ihn seltenen Position dessen, der geben darf. Gerade überreicht er mir mit formvollendeter Galanterie ein Gebinde weißer Tulpen und das dazugehörige Lächeln bläst mich um. Ein kleiner Strauß Glück für alle Beteiligten.

Leider wurde diese süße Erfahrung bitter, als ich angesichts der ausländerfeindlichen Rangeleien an meiner Ausgabestelle erfuhr, dass dieser reizende Mensch immer AfD wählt.

Und noch mal, es verhält sich damit wirklich genauso simpel: Armut gefährdet die Demokratie und den sozialen Frieden! Wer in der Bedürftigkeit seiner Schattenwelt nicht gesehen und gehört wird, der wird gerne empfänglich für dummpopulistische Umtriebe und fragwürdige politische Heilsversprechen.

Tierisch arm

Am Ausgang gibt es gerade etwas Radau, denn als ein Kunde mit seinem Trolley den Kirchenvorraum verlässt, stecken Lotte und Motte ihre feuchten Schnauzen durch den Türspalt und versuchen sich verbotenerweise zu ihrem Frauchen hereinzudrängeln. Die beiden gehören zu den vielen Hunden, die ihre Besitzer zur Tafel begleiten. Manch einer hat gar mehrere Hunde. Natürlich dürfen die Vierbeiner aus hygienischen Gründen nicht mit hinein und müssen draußen im Hof warten, was sie mehr oder weniger brav und mit oder ohne Jaulen und Winseln tun.

Die meisten Wartenden, Tafelmitarbeiter und Anwohner sind in Bezug auf die vielen Hunde sehr duldsam. Oft ist es so, dass die spielenden und raufenden Hunde ein wunderbares Unterhaltungsprogramm während der langweiligen Wartezeit und vor allem für die Kinder darstellen. Manche Leute bringen auch extra Leckerli und Spielsachen für die Hunde mit und machen sich ans Kuscheln.

Das Hundeaufkommen bei den Tafelgängern ist im Vergleich zur Gesamtbevölkerung außergewöhnlich hoch, was bei näherer Betrachtung aber auf der Hand liegt. Ohne Arbeit haben die Menschen natürlich mehr Zeit für ein Tier. Außerdem hilft einem ein Hund beim Etablieren und Einhalten einer Tagesstruktur, womit viele hier große Probleme haben, wenn sich die langen, ereignislosen Tage zäh wie Kaugummi ziehen. Und die prekäre Lebenssituation kann einem wie schon skizziert auch sehr aufs Gemüt schlagen und einsam machen, so dass ein treuer, vierbeiniger Gefährte manchmal sogar zur Lebensversicherung wird.

Die Haltung eines Tieres wirklich leisten kann sich niemand hier. Viele sparen sich das Futter für ihre Lieblinge vom Mund ab. Deshalb gibt es in Berlin eine Tiertafel, die nach dem Motto arbeitet, dass finanzielle Not kein Grund sein sollte, sich von seinem Haustier trennen zu müssen. In Berlin gibt es für die Tiertafel eine separate Ausgabestelle in einem alten Supermarktgebäude am Stadtrand. Alle zwei Wochen wird an Tierhalter mit einem entsprechenden Bedürftigkeitsnachweis Futter für ihre Lieblinge ausgegeben. Viele schenken der Tiertafel auch Sachspenden und die Halter können so ihren Tieren Streu, Näpfe, Leinen, Spielzeug oder Decken mit nach Hause bringen. Für die Inanspruchnahme der Tiertafel ist es wichtig zu beachten, dass die Notlage erst nach Anschaffung des Tieres eingetreten sein muss. Für

Neuanschaffungen gibt die Tiertafel nicht aus. Die Unterstützung bezieht sich auf bis zu drei Tiere pro Haushalt.

Meine Hundebekannte Nadja ist ehrenamtlich bei der Tiertafel tätig und hat mir erzählt, dass es dort – anders als bei der Menschentafel – keine Spendenknappheit gibt, sondern im Gegenteil Massen von Futterspenden jeglicher Art in den Räumlichkeiten lagern und die Spendenbereitschaft für Tiere sehr hoch sei.

Natürlich gibt es kein Grundrecht auf Tierhaltung. Es ist aber nur ein Gerücht ohne jeden Wahrheitsgehalt, dass das Tierheim etwa überhaupt keine Tiere an Menschen vermittelt, die unter der Armutsgrenze leben. Natürlich muss die artgerechte Versorgung des Tieres gewährleistet sein. Eine Verwandte kommentierte das Thema dahingehend, dass »solche Menschen« überhaupt keine Tiere halten sollten, wenn sie nicht dafür aufkommen könnten (ich habe übrigens auch schon sagen hören, dass »solche Menschen« keine Kinder haben sollten!). Doch glücklicherweise gibt es hier im Tierheim für vermittelte Tiere beziehungsweise deren Halter weitere Unterstützungsmöglichkeiten in Form von günstigeren, tierärztlichen Sozialbehandlungen bei entsprechendem Nachweis.

Aber das Thema »Hund« bei der Tafel ist nicht nur kuschelig. Lotte und Motte sind zwar feine Hunde, kamen hier aber schon mehrfach mit springendem Ungeziefer übersät an. Auch sieht mancher Hundehalter weg, wenn der Hund seine unappetitlichen Geschäfte auf dem Gelände verrichtet. Leider lassen sich wie auch sonst einige Hundebesitzer extra bitten, die Hinterlassenschaften ihrer Lieblinge vor Ort zu beseitigen, was in Folge auf alle Tafelgänger zurückfällt.

Und überhaupt Hinterlassenschaften: Am Dienstagnachmittag sieht es im Vorraum der Egidienkirche, im Hof und auf der Straße davor aus wie nach dem Krieg. Alles ist zugemüllt, der Boden mit Essensresten übersät, der Hof voller Kartons und leerer Kaffeebecher und Tüten der Wartenden. Vor der Kirche, im Treppenhaus und in der Tordurchfahrt liegen trotz des aufgestellten Aschenbechers beziehungsweise Mülleimers überall Zigarettenkippen, Bierdosen, Flaschen, alte Zeitungen und aller mögliche Unrat umher.

Ich wäre nicht erstaunt, wenn den Anwohnern eines Tages der Kragen platzen würde. Denn wir Wartenden sind nicht nur ein Müllproblem, sondern auch ein Lärmproblem. An dieser Stelle auch ein herzliches »Danke« all' den toleranten und duldsamen Nachbarn!

Sex & Drugs & Rock'n'Roll

Von Letzterem gibt es nicht allzu viel hier. Ein Tafelkollege bringt manchmal seine Klampfe mit und dann wird während des Wartens geschrabbelt und geschmettert, dass es nur so eine Art hat. Oder auch nicht. Weiterhin ist Jenny ein interessantes Phänomen mit offenkundig spiritueller Einbindung und einem wirklich gesegneten, kräftigen Mezzosopran. Sie sitzt auf der Treppe und lobt den Herrn. Dagegen ist ja im Prinzip nichts zu sagen. Nur tut sie dies sehr laut und zwei Stunden in Dauerschleife unter Wiederholung der immer gleichen Liedzeile.

Im Bereich »Drugs« aber wird wirklich etwas geboten.

Aus der Sparte »stoffgebundene Süchte« mit Alkoholismus und Drogenabhängigkeit ist der trunkene Sheriff leider kein Einzelfall, denn Suchtkranke sind hier überdurchschnittlich häufig vertreten. Die Hintergründe sind dabei sicher sehr komplex. Ich kenne aus unseren Reihen einen Bauingenieur, der seinen Job wegen seines Trinkens verloren hat und darüber zum Sozialfall geworden ist. Und von einer Tafelgängerin weiß ich, dass sie sich jeden

Dienstag erst ordentlich Mut antrinken muss, bevor sie sich auf den schambehafteten Weg zur Lebensmittelausgabe bei der Tafel machen kann.

Sehr viele rauchen hier verbotenerweise, was bei der Enge im Hof eine Zumutung ist. Und über der ganzen Veranstaltung wabert beständig eine Fuselwolke. Es ist manchmal unerträglich, wenn der vor dir und der hinter dir in der Warteschlange nach Sprit stinkt. Die Trinker veranstalten auch schon einmal eine Schnapsparty um eine Mülltonne herum. Wegen der benachbarten Kindertagesstätte im Hof sind alle Suchtis angehalten auf der Straße zu konsumieren und entsprechend geht es dort zu. Ein Potpourri verschiedener Alkoholika macht die Runde und Joints kreisen. Von einigen Tafelkunden weiß ich, dass sie an der Nadel hängen, doch den Konsum oder gar Umschlag harter Drogen habe ich hier noch nicht bemerkt.

Arnold zum Beispiel ist polytoxikoman und nicht mehr in der Lage, seinen Alltag zu stemmen. Dennoch kommt er zuverlässig jede Woche hierher. Die Sucht hat in seinem Gesicht gewütet, vermochte das attraktive und freundliche Aussehen aber noch nicht völlig zu zerstören. Alle mögen Arnold, vor allem die Damen der Schöpfung, denn er ist wahnsinnig charmant und begrüßt die Frauen der Kundschaft und der Ausgabe sogar mit Handkuss. Einmal wurde ich Zeugin einer wirklich zu Herzen gehenden, sehr liebevollen Szene. Es regnete in Strömen und ein alter, völlig desorientierter Mann in der Warteschlange hatte keinen Schirm und schaffte es vor lauter Verwirrtheit nicht, sich in der Hofdurchfahrt unterzustellen. Arnold ging hin, schob den Mann vor ein Fenstergitter und befestigte daran seinen eigenen Regenschirm, so dass der arme Tropf nun geschützt war vor dem Regen.

Während des Anstehens habe ich mich heute das erste Mal ausführlicher mit Tamara unterhalten, die ich auch schon seit vielen Jahren hier sehe. Sie gestand mir offenherzig ihre Spielsucht, der sogar ihre mageren Sozialbezüge zum Opfer fallen. Es ist so ein Jammer, denn diese Frau ist eine begnadete Künstlerin! Manchmal bringt sie Block und Stift mit und fertigt von den Wartenden Porträtzeichnungen an, die zum Niederknien schön sind. Nicht nur aufgrund der physiognomischen Ähnlichkeit, sondern weil sie das ganze Wesen des Porträtierten auf bestechende Weise einzufangen vermag.

Ein ehemaliger Bürgermeister sagte weiland, Berlin wäre arm, aber sexy. Bei der Tafel ist es mit der Sexiness aber nicht weit her und der Sexfaktor strebt hart gegen minus 47. Ob in diese Rubrik auch die sexuelle Belästigung gehört, als mir in der Warteschlange einmal ein

Besoffener mit beiden Händen an die Brüste griff? Mitunter lassen sich bei der Warterei auch Paarungsversuche beobachten. Und der Gang zur Tafel wäre mir eine Lust, wenn ich Masochistin wäre. Bin ich aber nicht. Zur Tafel zu müssen ist partout nicht sexy.
Beute heute: Nach drei Stunden habe ich es für diese Woche geschafft. Ich überschlage den Wert meiner Beute, der sich auf ungefähr 25 Euro beläuft. Das ist wahrlich kein Schmutz!

Als ich aus dem Kirchengebäude komme, ist auf dem Hof eine lebhafte Tauschbörse mit den erhaltenen Waren im Gange. Ich beteilige mich aber nicht, da ich nur noch weg möchte. Mit einem eiligen Gruß in die Runde laufe ich zur Tram.

Zuhause angekommen, pelle ich mich erschöpft aus den zahlreichen Bekleidungsschichten, schlüpfe in etwas Bequemes, koche mir erst einmal einen heißen Tee und nehme ein Fußbad, um wieder aufzutauen. Ich bin todmüde, aber bevor ich mich hinlegen kann, muss erst das Mitgebrachte schnell verarbeitet und verstaut werden und außerdem habe ich Hunger.

Eier und Joghurt wandern postwendend in den Kühlschrank. Mit Kürbis, Ingwer und Frühlingszwiebeln bereite ich einen schmackhaften Risotto. Während dieser kocht, schneide ich die faulen Stellen aus den Salaten und packe den kärglichen Rest in den Kühlschrank. Die sezierten Äpfel werden zu einer Portion Mus verkocht. Von der großen Schale Rapunzeln bleibt genau ein Schälchen für das jetzige Mittagessen übrig, als Dessert gibt es zur Feier des Tages die Nashi-Birne. Die Tulpen stelle ich ins Wasser und freue mich über diese Vorboten des Frühlings. Alle Radieschen wandern komplett in den Biomülleimer. Die drei Schrumpelpastinaken werden morgen zusammen mit dem nach dem Ausschneiden noch verbliebenen Fenchelstückchen Eingang in einen Eintopf finden. Bis auf das halbe Brot schneide ich alles an Brot und Brötchen auf und friere es in verschiedenen Tüten mundgerecht ein.

Ich wünschte, ich hätte die buddhistische Gelassenheit und resiliente Größe meiner Tafelfreundin Yvette, die jede Woche mantraartig sagt: »Ich bin dankbar für alle Geschenke, die ich hier bekomme und freue mich über all die lieben Menschen, die ich hier treffe.« Trotz meiner Dankbarkeit plage ich mich sehr und empfinde bei allem Amüsement über das Skurrile bei meinen Tafelgängen nicht selten tiefe Bitterkeit, Wut, Scham und Frustration. Zur Tafel zu müssen ist für mich anstrengender als zu arbeiten.

Auch ich habe einen Traum

Es geht mir überhaupt nicht darum, die Zustände bei der Tafel verändern zu wollen oder etwa gar die Mitarbeiter zu kritisieren. Letzteren danke ich wirklich von ganzem Herzen und weiß ihr Engagement sehr zu schätzen! Aber die Existenz der Tafeln an sich ist bereits der Skandal, denn im satten Wohlstandsdeutschland dürfte es eine solche soziale Bedürftigkeit und in der Folge die Tafeln überhaupt nicht geben!

Die Tafel selbst ist natürlich nicht das Problem, sondern das Symptom für problematische gesamtgesellschaftliche Strukturen. Nach 30 Jahren Tafeln kann man beileibe nicht mehr von einem Provisorium zur Linderung der größten Not sprechen. Es handelt sich bei der Symptomkuriererei durch die Tafeln nicht um eine sinnvolle und professionelle Akutbehandlung pathologischer Zustände, sondern um die laienhafte und traurige Palliativversorgung eines schweren chronischen Leidens. Die Ursachen für diesen inakzeptablen Zustand jedoch werden von zuständiger Stelle nicht angefasst.

Paradoxerweise konsolidieren die Tafeln trotz aller guten Absicht mit ihrer Arbeit letztendlich an der Stelle Missstände, wo sie Abhilfe schaffen möchten, da sich der Staat auf dem Tafelsystem ausruht und so aus der Verantwortung stehlen kann. Als mein Freund Arno, seines Zeichens Heilerziehungspfleger, damals nach seiner Tumoroperation aus dem Bezug von Krankengeld in Hartz IV gerutscht war, fragte er seine Sachbearbeiterin fassungslos, wie er denn um Himmels willen von so wenig Geld leben sollte. Diese schnodderte ihn nur an, er könnte ja zur Tafel gehen.

Nach dem Grauen der Hartz-IV-Gesetze soll jetzt ein viel zu kurz gedachtes Bürgergeld die erhitzten Gemüter besänftigen. Mit der Erhöhung des monatlichen Regelsatzes um 50 EUR wird noch nicht einmal der Inflation der letzten Jahre Rechnung getragen, geschweige denn den aktuellen Teuerungen bei den Lebensmitteln und den erhöhten Energiekosten.

Im Spätherbst 2022 hat der Paritätische Wohlfahrtsverband seine Kurzexpertise »Regelbedarfe 2023: Fortschreibung der Paritätischen Regelbedarfsforderung« publiziert. Darin wird nachgewiesen, dass Leistungen für Bedürftige völlig realitätsfern kleingerechnet werden. Die Studie kommt zu dem Ergebnis, dass unter Berücksichtigung aller Faktoren der Mindestlohn in Deutschland 14 EUR und der Regelsatz für Bedürftige 725 EUR betragen müsste, um das »verfassungsrechtlich gebotene soziokulturelle Existenzminimum abzusichern«.

Das Bürgergeld ist also alter Wein in neuen Schläuchen und alle bleiben in dieser Analogie überdies durstig. Die bisherigen Bemühungen in diese Richtung greifen zu kurz. Natürlich ist dieses Thema höchst komplex, aber unsere Möglichkeiten und Ressourcen sind es auch. Ein erster wirklicher Schritt wäre der gute Wille und die Bereitschaft, auf die zahlreichen Stimmen zu hören, die ein Ende der Gier und des Strebens nach immerwährendem wirtschaftlichem Wachstum propagieren. Eine an der tatsächlichen Realität ausgerichtete Erhöhung der Transferleistungen und eine tiefgreifende Reform des Sozial-, Wirtschafts- und Finanzsystems sind mehr als überfällig! Entsprechende Vorschläge mit exzellenter Expertise liegen ausreichend vor, sie müssten nur endlich gehört und umgesetzt werden.

Das System Tafel ist mittlerweile völlig überfordert und am Kollabieren. Der Rheinischen Post sagte Jochen Brühl, Vorsitzender des Dachverbandes der Tafeln, im November 2022: »Die Tafeln können nicht auffangen, was der Staat nicht schafft.« Eine in der Absicht so wunderbare

Initiative wie die Tafel kann also nur scheitern, wenn der Staat seiner Schuldigkeit nicht ausreichend nachkommt und seine Pflichten auf private Schultern abwälzt. Ein befreundeter Pfarrer, der bis zu seiner Verrentung selbst eine Ausgabestelle in seiner Kirchengemeinde unterhielt, sagte einmal in einem Fernsehinterview mit dem RBB zum 25-jährigen Bestehen der Tafeln sehr zutreffend: »Die Tafeln sind die wackeligen Krücken einer kranken Gesellschaft!«

Nicht noch mehr Allianzen sollen geschmiedet, Töpfe gefunden, Freiwillige rekrutiert, Mittel eingeworben, Lebensmittelspenden gesammelt, Kooperationen initiiert und Medienpartnerschaften eingegangen werden. Das Almosensystem Tafel soll überflüssig gemacht und abgeschafft werden!

Ich träume von einer Angemessenheit bei Lebensmittelproduktion und -vertrieb, im Rahmen derer nicht Tonnen von Nahrung weggeworfen werden, um die Preise zu halten und um überzogene, ökologisch und ökonomisch völlig kranke Ansprüche zu erfüllen. Ich träume davon, dass Essen auf gesunde Weise produziert, verarbeitet und verkauft wird. Ich träume von einem Lebensmittelkonsum ohne diese unendliche Gier. Ich träume von echter Nachhaltigkeit. Ich träume davon, dass keine Abfälle mehr anfallen und auch keine Bedürftigkeiten wie die bei den Tafelgängern bestehenden. Ich träume nicht von Steuersenkungen für Spitzenverdiener und einem Freiheitsbegriff, der sich vor allem auf die Möglichkeit bezieht, mit 180 km/h über die Autobahn rasen zu können. Ich träume von wirklicher Selbstbestimmung, Solidarität und Partizipation aller. Ich träume von einem besseren und gerechteren Miteinander und entsprechend einer Umgestaltung des Wirtschaftens, der Arbeitsstrukturen und der Sozialsysteme.

Ich träume von einer Welt ohne Tafeln. Und ja, ich träume weiter, voller Zorn und voller Hoffnung!

Bislang haben sich in Deutschland die von Armut Betroffenen aus verschiedenen Gründen nicht solidarisiert, aus Scham und Angst, aber auch, weil es vielen armen Menschen psychisch und körperlich derart schlecht geht, dass keine Kräfte für die so dringend nötige politische Arbeit übrig sind. Armut hat keine Lobby und die Stimmen der Wohlfahrtsverbände werden nicht gehört. Nun hat sich aber als Hoffnungskeim im Frühjahr die solidarische Twitterkampagne *#IchBinArmutsbetroffen* gegründet, in deren Rahmen unzählige mutige und wütende Menschen aufgestanden sind und in der Öffentlichkeit den anonymen Statistikzahlen individuelle Gesichter und Biografien gegenübergestellt haben. Sie haben in einem offenen Brief Appelle an die Regierung gerichtet und Demonstrationen organisiert und werden von Prominenten dabei unterstützt. Gefordert wird eine gesellschaftliche Umverteilung hin zu mehr Gerechtigkeit. Dazu sollen unter anderem. armutsfeste Mindestlöhne und angemessene Transferleistungen für Bedürftige, krisensichere Renten sowie die Abschaffung von Bürokratie und menschenunwürdigen Sanktionen gehören.

Und von wirklich berufener Seite gibt es bereits konkrete Lösungsvorschläge:

Das internationale Expertengremium »Club of Rome« hat im Sommer 2022 vor der Bundespressekonferenz seine Analyse »Earth4All« als Folgebericht des 1972 verfassten Berichts »Grenzen des Wachstums« vorgelegt. Darin wird nicht nur vor dem bevorstehenden ökologischen Kollaps unserer Welt gewarnt, sondern auch vor zunehmenden sozialen Spannungen und Unruhen aufgrund von Ungleichheit und immer schlechteren Lebensbedingungen für viele, auch in den westlichen Industrienationen. Dagegen setzt die Kommission aus Zukunftsforschern verschiedener Disziplinen einen Fünf-Punkte-Plan, für dessen Umsetzung vor allem auch Deutschland als der viertgrößten Volkswirtschaft der Welt eine Vorbildfunktion zukäme. Eine der geforderten Maßnahmen bestünde darin zu gewährleisten, dass die reichsten 10 Prozent der Bevölkerung nicht mehr als 40 Prozent des Gesamtvermögens der Nation besitzen. Dies solle auf politischer Ebene über eine Höherbesteuerung von Spitzenvermögen geschehen.

In diesem Sinne könnte hoffentlich bald der Schwanengesang der Tafeln erklingen …

Von Herzen

Ich danke allen, die mich bei diesem Buch so hilfreich unterstützt und das ganze Projekt erst möglich gemacht haben:

Für professionelle Unterstützung und Motivation Finja Hehn und Michael Münch; für emotionalen, technischen und materiellen Support Rainer Zipperer und Lisa-Carina Zipperer; für die Vermittlung eines Verlages Simona Kirsch; für germanistische und freundschaftliche Unterstützung Johannes und Petra Beck; für geneigtes Teil-Korrektorat und ebensolches Feedback Gina Knapp, Judith Schneider, Sabine Grunwald, Bettina Rudolf, Christine Hauer, Mirko Heinemann, Judith Schalansky und Andrea Würth; für wertvolle Brancheninformationen und Rückmeldung Martin Schult; für Ermunterung, Nachfragen und zarte Tritte in den Hintern allen meinen Lieben; für Orientierungshilfe im Dschungel des Verlagswesens und eine wunderbare Schreibwerkstatt bei ProKiez e.V. im Bötzowviertel Natalie Tornai; für meine andere heiß geliebte Schreibwerkstatt Angelika Grigat; für den

Hofmannsthal Bettina Hoppe und Karen Breece; für erste PR dem Berliner Ensemble; für den Arschengel Rüdiger Grunwald mit Stalin; für Grafikideen Daniela Birk; für das Verlegen meines Buches mit Herzblut besonders Tom Störmer und der edition schaumberg; und natürlich vor allem den Mitarbeitern und Kunden der Berliner Tafel!

Die Autorin

Alexandra Zipperer, Jahrgang 1965, in Franken aufgewachsen, lebt seit 1987 in Berlin mit zwischenzeitlichen Lebensstationen in den USA und Italien.
Alexandra Zipperer ist Kunsthistorikerin und war als Kulturmanagerin, PR-Frau, Autorin und Übersetzerin tätig. Sie spielt zudem als Gast Theater am Berliner Ensemble.
Foto: © Harf Zimmermann

Der vorliegende Band »Tafeln wie Gott in Deutschland« ist Teil einer in loser Folge erscheinenden Reihe, die sich gesellschaftlich relevanter Themen annimmt. Dabei haben die einzelnen Themen lediglich die Gemeinsamkeit, dass sie Schicksale von Menschen im Blick haben und auf Missstände aufmerksam machen wollen.

In der Reihe sind in unserem Verlag bislang erschienen:

André Noltus: **Franz Carl Eduard Senz »Sense Eduard«**
Vom Schicksal eines leicht behinderten Menschen während der NS-Diktatur. ISBN 978-3-941095-20-5, Festeinband, 84. S., 16,00 EUR

Lebensbilder ... Erinnerungen von Migrantinnen
Fünf Frauen mit türkischen und pakistanischen Wurzeln erzählen ihre Geschichten und berichten, wie sie sich in unserer Gesellschaft zurechtfinden mussten. Aufgezeichnet von Carola Stahl.
ISBN 978-3-941095-41-0, Broschur, 108 S., 9,90 EUR

Sandra und Mario Kelter, Stefan Blasius: **Nico kommt nicht mehr nach Hause.** Ein Buch über den Suizid eines Jugendlichen und wie dieses Schicksal das Leben der Eltern beeinflusst und verändert hat.
ISBN 978-3-941095-71-7, Broschur, 96 S., 10,00 EUR